高等学校应用型特色规划教材

汽车发动机电控技术

杨保成　主　编
杨海鹏　林　玲　副主编

清华大学出版社
北　京

内 容 简 介

本书主要围绕汽车发动机电控系统，讲述其结构及原理，并对柴油机电控系统作了简单介绍。内容包括：发动机电控系统概述、汽油机电子燃油喷射系统、汽油机微机控制点火系统、发动机怠速控制系统、电控汽油机的排放控制系统、发动机辅助控制系统、柴油机电子控制系统。

本书兼顾了理论性和实践性，既可满足本科生对于理论深度上的学习要求，也可满足高职生和专科生对于理论提高上的学习要求。本书既可作为本科院校汽车服务工程、车辆工程等汽车类专业的教材或参考用书，也可作用从事汽车检测维修行业技术人员的参考用书。

本书封面贴有清华大学出版社防伪标签，无标签者不得销售。
版权所有，侵权必究。举报：010-62782989，beiqinquan@tup.tsinghua.edu.cn。

图书在版编目(CIP)数据

汽车发动机电控技术/杨保成主编．—北京：清华大学出版社，2018（2021.12重印）
(高等学校应用型特色规划教材)
ISBN 978-7-302-50061-2

Ⅰ.①汽…　Ⅱ.①杨…　Ⅲ.①汽车—发动机—电子系统—控制系统—高等学校—教材　Ⅳ.①U464

中国版本图书馆 CIP 数据核字(2018)第 097053 号

责任编辑：桑任松
封面设计：杨玉兰
责任校对：王明明
责任印制：宋　林

出版发行：清华大学出版社
网　　址：http://www.tup.com.cn, http://www.wqbook.com
地　　址：北京清华大学学研大厦 A 座　　邮　编：100084
社 总 机：010-62770175　　邮　购：010-62786544
投稿与读者服务：010-62776969, c-service@tup.tsinghua.edu.cn
质量反馈：010-62772015, zhiliang@tup.tsinghua.edu.cn
课件下载：http://www.tup.com.cn, 010-62791865
印 装 者：三河市吉祥印务有限公司
经　　销：全国新华书店
开　　本：185mm×260mm　　印　张：12　　字　数：290 千字
版　　次：2018 年 7 月第 1 版　　印　次：2021 年 12 月第 6 次印刷
定　　价：36.00 元

产品编号：075689-01

前 言

近年来，随着汽车工业的快速发展，各种先进的电子控制技术在汽车发动机上的应用越来越广泛。国内有关汽车电控发动机技术方面的书籍较多，但适合汽车类应用型本科使用的专业教材较少。为了满足应用型本科院校汽车服务工程、车辆工程等汽车类专业的教学需求，使学生及有关技术人员能够更全面系统地掌握有关汽车发动机电控技术的理论知识，特编写了这本教材。

本教材注重汽车发动机电子控制技术的理论系统性，在知识结构上由浅入深、循序渐进，符合认知规律。同时兼顾了实践性和应用性，在熟悉了理论知识的基础上，达到掌握实践技能的目的。另外，在每章后编写有思考题，便于读者进行学习及自我测试。

本书共 7 章，分别介绍了汽车发动机电控技术的发展及汽车发动机电控系统的组成，系统讲解了汽油机电子燃油喷射系统、汽油机微机控制点火系统、发动机怠速控制系统、电控汽油机的排放控制系统、发动机辅助控制系统等主要电控系统的结构、控制原理及主要控制装置的检修。最后对柴油机电子控制系统做了介绍。

本书由常熟理工学院杨保成副教授担任主编，负责第 1、2、3、4 章的编写，林玲老师负责第 6 章的编写，郑州工程技术学院教师杨海鹏担任副主编，负责第 5 章和第 7 章的编写，由常熟理工学院陈庆樟教授担任主审工作。

本书在编写过程中参阅了大量文献资料，在此向参考资料的原作者表示感谢。

由于编者水平有限，书中难免有不妥和错误之处，敬请读者批评指正。

编　者

目 录

第1章 发动机电控系统概述 1
【知识目标】 1
【技能目标】 1
1.1 汽车电子技术的发展 2
1.2 汽车发动机电子控制技术的发展 3
    1.2.1 汽油机电子控制技术的发展 3
    1.2.2 柴油机电子控制技术的发展 5
    1.2.3 汽车发动机电控技术的发展趋势 5
1.3 发动机电控技术及其应用 5
1.4 发动机电子控制系统的组成 7
1.5 发动机电控系统主要传感器 8
    1.5.1 空气流量传感器 8
    1.5.2 进气压力传感器 14
    1.5.3 节气门位置传感器 15
    1.5.4 温度传感器 18
    1.5.5 发动机转速与曲轴位置传感器 19
    1.5.6 凸轮轴位置传感器 24
    1.5.7 爆燃传感器 25
    1.5.8 氧传感器 26
    1.5.9 空燃比传感器 29
    1.5.10 车速传感器 32
    1.5.11 开关信号 33
1.6 电子控制单元 34
1.7 执行器 36
思考题 36

第2章 汽油机电子燃油喷射系统 38
【知识目标】 38
【技能目标】 38
2.1 概述 39
    2.1.1 汽油机电子燃油喷射系统的优点 39
    2.1.2 汽油机电子燃油喷射系统的基本类型 39
2.2 电子燃油喷射系统的组成 41
    2.2.1 汽油供给系统 42
    2.2.2 空气供给系统 46
    2.2.3 电子控制系统 47
2.3 电子燃油喷射系统的控制 47
    2.3.1 喷油时序的控制 47
    2.3.2 喷油量的控制 50
    2.3.3 燃油泵控制电路 54
2.4 电子燃油喷射系统的检测 56
    2.4.1 燃油泵及喷油器的检测 56
    2.4.2 燃油压力的测试 58
思考题 59

第3章 汽油机微机控制点火系统 60
【知识目标】 60
【技能目标】 60
3.1 概述 61
    3.1.1 微机控制点火系统的特点 61
    3.1.2 微机控制点火系统的分类 62
3.2 微机控制点火系统的工作原理及控制 63
    3.2.1 微机控制点火系统的组成及工作原理 63
    3.2.2 微机控制点火系统的控制 64
3.3 微机控制点火系统的应用实例 70
    3.3.1 有分电器点火系统 70
    3.3.2 无分电器点火系统 73
3.4 微机控制点火系统的检测 78
    3.4.1 微机控制点火系统点火正时的检测与调整 78
    3.4.2 桑塔纳 AJR 发动机点火系统的检测 79
思考题 80

第 4 章 发动机怠速控制系统 ... 81

【知识目标】 ... 81
【技能目标】 ... 81
4.1 概述 ... 82
    4.1.1 怠速控制系统的作用与功能 ... 82
    4.1.2 怠速控制系统的分类 ... 83
4.2 发动机怠速控制系统的结构与原理 ... 84
    4.2.1 怠速控制系统的原理 ... 84
    4.2.2 怠速控制执行机构 ... 85
    4.2.3 节气门直动式怠速控制执行机构 ... 94
思考题 ... 95

第 5 章 电控汽油机的排放控制系统 ... 96

【知识目标】 ... 96
【技能目标】 ... 96
5.1 概述 ... 97
    5.1.1 汽车排放污染的生成机理与危害 ... 97
    5.1.2 电控汽油机排放污染的控制方法 ... 99
5.2 废气再循环(EGR)控制 ... 100
    5.2.1 废气再循环系统的类型及组成 ... 101
    5.2.2 废气再循环系统主要部件结构 ... 103
    5.2.3 EGR 检修 ... 106
5.3 曲轴箱强制通风系统 ... 106
5.4 二次空气喷射系统 ... 108
    5.4.1 空气泵型二次空气喷射系统 ... 108
    5.4.2 脉冲型二次空气喷射系统 ... 109
    5.4.3 二次空气喷射系统的检查 ... 111
5.5 三元催化转换器与闭环控制 ... 111
    5.5.1 三元催化转换器 ... 111
    5.5.2 空燃比的闭环控制 ... 113
    5.5.3 OBD—Ⅱ系统对 TWC 转换效率的监控方法 ... 114
    5.5.4 三元催化转换器检测方法 ... 114
5.6 燃油蒸发排放控制系统 ... 116
    5.6.1 燃油蒸发排放控制系统的作用及控制方式 ... 116
    5.6.2 燃油蒸发排放控制系统的控制原理 ... 117
    5.6.3 燃油蒸发排放控制系统的结构及工作原理 ... 118
    5.6.4 燃油蒸发排放控制系统的检测 ... 119
思考题 ... 120

第 6 章 发动机辅助控制系统 ... 121

【知识目标】 ... 121
【技能目标】 ... 121
6.1 废气涡轮增压系统 ... 122
    6.1.1 废气涡轮增压系统的结构及原理 ... 122
    6.1.2 电控废气涡轮增压系统的原理 ... 123
6.2 可变进气系统 ... 125
    6.2.1 可变进气管长度控制 ... 125
    6.2.2 进气谐波控制 ... 127
    6.2.3 进气节流控制 ... 130
6.3 可变配气相位控制系统 ... 133
    6.3.1 可变气门正时 ... 133
    6.3.2 可变气门升程 ... 140
6.4 巡航控制系统 ... 145
    6.4.1 概述 ... 145
    6.4.2 巡航控制系统的组成与原理 ... 146
    6.4.3 巡航控制系统的电路与部件结构 ... 147
6.5 电子节气门控制系统 ... 150
6.6 故障自诊断系统 ... 153
6.7 失效保护系统 ... 155
思 考 题 ... 156

第 7 章 柴油机电子控制系统 ... 157

【知识目标】 ... 157

【技能目标】...................................... 157
7.1 概述.................................. 158
    7.1.1 柴油机电子控制系统发展
           概况............................ 158
    7.1.2 柴油机电子控制系统组成...... 158
    7.1.3 柴油机电子控制系统的主要
           特点............................ 159
7.2 柴油机电子控制系统的控制内容......160
7.3 柴油机电子控制系统类型结构及工作
    原理...................................... 163
    7.3.1 位置式电控系统..................... 163
    7.3.2 时间控制式电控系统............ 165
    7.3.3 时间—压力控制式电控
           系统............................ 169
思考题.. 181
参考文献 182

第1章

发动机电控系统概述

【知识目标】

了解发动机电子控制技术的发展及趋势;了解发动机电控技术及其应用;熟悉发动机电子控制系统的组成;掌握发动机电控系统主要传感器的结构及工作原理;了解电子控制单元及执行器。

【技能目标】

能够对发动机电控系统主要传感器进行检测。

1.1 汽车电子技术的发展

汽车电子技术的发展是从 20 世纪 50 年代末开始的，大致经历了四个发展阶段。

第一阶段，从 20 世纪 50 年代末到 70 年代中期，这一阶段的基本特点是电子产品和电子装置、模拟电路控制的发动机汽油喷射控制系统及其他控制系统开始在汽车上得到应用。

1960 年，美国通用汽车公司(GM)开始采用 IC 电子调节器，并于 1967 年以后将其应用到所有车中。1973 年，美国通用汽车公司开始采用电子点火装置，此后被逐渐普及。1974 年起，通用公司开始装备加大火花塞电极间隙、增强点火能量的高能点火系统，并力图将分电器、点火线圈和电子控制电路融为一体。真正的电子控制点火系统是由美国克莱斯勒汽车公司于 1976 年首创的，称为电子式稀混合燃烧系统(ELBS)，它根据进气温度、冷却水温、转速、负荷等，由控制器(微型计算机)计算出最佳点火时刻，并指令点火。

第二阶段，从 20 世纪 70 年代中期到 80 年代中期，这一阶段的基本特点是集成电路和 16 位以下的微处理器在汽车上得到了广泛应用，仅具有某种单一控制功能的电控系统在汽车各系统和汽油机的电子控制系统中得以应用。

随着单片机技术的发展，出现了 16 位单片机，使得单一功能的控制技术被整机集中控制取代，同时实现了优化的点火正时和精确的空燃比控制。如日产汽车公司开发了能综合控制喷油、点火时刻、废气再循环、空燃比和怠速，并具有自我诊断功能的综合控制系统。

第三阶段为 1982—1995 年，这一阶段的基本特点是以微型计算机作为控制核心，能够实现多种控制功能的计算机集中管理系统逐步取代以前各自独立的电子控制系统，汽车电控系统的功能得到进一步拓展。

20 世纪 80 年代后期，高性能的 16 位单片机出现(如 MCS-96)，适用于更加复杂的实时处理系统。高性能 16 位单片机丰富的软硬件资源和强大的性能可以使发动机的控制策略更加丰富和完善，特别是增强了系统的自学习、故障诊断及失效保护等方面的功能。

20 世纪 90 年代，23 位单片机开始逐步得到应用，硬件上还采用了可编程逻辑阵列、数字信号处理(DSP)技术、微处理器外围芯片大规模集成化等电子技术。硬件功能的增强使得控制系统向整车方向发展，如别克轿车采用了多种电子控制系统：动力总成(含发动机和变速箱)控制系统(PCM)、防抱死制动与牵引力控制系统(EBC/EBTCM)、安全气囊系统(SRS)、车身控制系统(BCM)等，其中 PCM 采用无分电器点火系统(DSI)和进气道多点顺序喷射系统。发动机控制包括空燃比、燃油蒸发净化(EVAP)、怠速、废气再循环(EGR)、冷却风扇、空调离合器、点火提前角和点火闭合期。变速控制包括自动换挡等。

第四阶段为 1995 年以后，这一阶段的基本特点是 CAN 总线技术和高速车用微型计算机在汽车上的广泛应用，汽车电控系统对高复杂程度使用要求控制能力的提高，为汽车电子控制从电子控制向智能化电子控制系统发展创造了条件。

由于汽车上的电子电器装置数量的急剧增多，为了减少连接导线的数量和重量，网络、总线技术在此期间有了很大发展。总线技术是将各种汽车电子装置连接成为一个网络，通过数据总线发送和接收信息。电子装置除了独立完成各自的控制功能外，还可以为其他控制装置提供数据服务。由于使用了网络化的设计，简化了布线，减少了电气节点的数量和导线的用量，使装配工作更为简化，同时也增加了信息传送的可靠性。通过数据总线可以访问任何一个电子控制装置，读取故障码对其进行故障诊断，使整车维修工作变得更为简单。

从 2005 年开始，微波系统、多路传输系统、ASKS-32 位微处理器、数字信号处理方式的应用，使通讯与导航协调系统、自动防撞系统、动力最优化系统、自动驾驶与电子地图技术得到发展。汽车电子技术的应用使汽车更加智能化。智能汽车装备有多种传感器，能够充分感知驾车者和乘客的状况，交通设施和周边环境的信息，判断乘员是否处于最佳状态，车辆和人是否会发生危险，并及时采取对应措施。

2008 年，汽车电子技术发展的方向向集中综合控制发展：将发动机管理系统和自动变速器控制系统，集成为动力传动系统的综合控制(PCM)；将制动防抱死控制系统(ABS)、牵引力控制系统(TCS)和驱动防滑控制系统(ASR)综合在一起进行制动控制；通过中央底盘控制器，将制动、悬架、转向、动力传动等控制系统通过总线进行连接。控制器通过复杂的控制运算，对各子系统进行协调，将车辆行驶性能控制到最佳水平，形成一体化底盘控制系统(UCC)。

在发动机的控制理论方面，发动机的控制从传统的查表法和 PID 控制法向最优控制、自适应控制以及神经网络控制、模糊控制等现代控制理论方向发展，使智能控制在发动机控制中的应用成为一个研究热点。

1.2 汽车发动机电子控制技术的发展

汽车电子化进程早在 20 世纪 60 年代就已经开始，但汽车电子化是以汽油机电控技术的应用为标志的，发动机是汽车中最早实现电子控制的总成部件，电子控制技术在发动机上的应用带动和促进了汽车电子控制技术的发展。发动机集中管理系统的成功开发，使汽车电子技术迈向集中控制技术的新高点。

1.2.1 汽油机电子控制技术的发展

汽油机电子控制技术的发展起因是人们对汽油机性能的要求。人们对发动机动力性的期望，促使汽车工程师把飞机发动机燃油喷射技术移植到车用汽油机上。人们对降低发动机燃油消耗和有害物排放量的要求，促成汽油机走上了电子控制的发展道路。从机械控制汽油喷射到发动机集中管理系统，汽油机控制技术在近 50 年的时间里，经历了三个技术发展阶段。

第一阶段为 1952—1958 年，这一阶段的主要特征是以提高发动机动力性为主要目的，把飞机发动机燃油喷射技术移植到汽车发动机上，汽油机走上了汽油喷射的发展道路。1952 年，博世(Bosch)公司研制成功第一台机械控制缸内喷射汽油机，并成功地安装在戴姆勒-奔驰(Daimler-Benz)300L 型赛车上。1958 年，Bosch 公司研制成功了机械控制进气管喷射汽油机，并成功地安装在梅赛德斯-奔驰(Mercedes-Benz)220S 型轿车上。机械控制汽油喷射技术的研制成功，不仅提高了汽车的动力性，而且为以后电子控制汽油喷射技术的开发提供了宝贵经验。

第二阶段为 1958—1979 年,这一阶段的主要特征是以减少有害物排放及降低能耗为主要目的,以空燃比精确控制为基本措施的各种电子控制汽油喷射系统相继开发成功,汽油机运行控制进入电子控制的新阶段。在这一阶段,汽油喷射控制实现了从机械控制到数字电路控制的发展,为汽油机电子控制的开发奠定了基础。

1957 年,美国奔德士(Bendix)公司成功研制了由真空管电子控制系统控制的汽油喷射装置,德国 Bosch 公司在此基础上进行改进,开发出了 D-Jetronic 电控汽油喷射系统,并于 1967 年开始批量生产安装 D-Jetronic 电控汽油喷射系统的 VW1600 型轿车,大大降低了有害物排放量。为解决 D 型喷射装置存在的系统精度较低、排放难以控制的问题,1972 年,Bosch 公司推出了 L-Jetronic 燃油喷射装置,可直接测量进气量以控制燃油喷射。

1977 年,美国通用公司推出最早的数字控制点火系统,称为迈塞(MISA)R 微机点火和自动调节系统。福特公司则首先开发了同时控制点火时刻、废气再循环和二次空气的发动机电子控制系统。1978 年美国通用公司研制成功了同时具有点火时刻控制、空燃比反馈控制、废气再循环控制、怠速转速控制、故障自诊断和带故障运行控制功能的电子控制系统。

第三阶段为 1979 年以后,这一阶段的主要特征是以微机为控制核心的发动机集中管理系统在汽油机中得到广泛应用,发动机集中管理的控制功能不断拓展,使汽油机的综合性能得到了全面的提高。

1979 年,德国 Bosch 公司在 L-Jetronic 系统的基础上,将电控点火系统和电控燃油喷射系统组合在一起,开发出了 M-Motronic 系统,即发动机集中管理系统。发动机集中管理系统将所有发动机运行控制和管理功能集中到一个微机上,消除了以前的单一控制系统按控制功能设置控制单元和传感器的弊病,对于不同控制功能共同需要的传感器,只要设置一个共用传感器就能满足控制要求,不仅简化了控制系统,降低了制造成本,而且提高了控制系统的工作可靠性。1981 年,Bosch 公司在 L-Jetronic 系统的基础上开发出了 LH-Jetronic 系统。该系统采用热线式空气流量计,能直接测出进入发动机空气的质量流量。1987—1989 年,Bosch 公司又相继开发出了用于中小型乘用车的电控单点汽油喷射系统,即 Mono-Jetronic 系统和 Mono-Motronic 系统。

20 世纪 90 年代,为了满足更加严格的排放指标和根据《京都议定书》确定的分阶段降低汽车 CO 排放量的要求,世界各国主要汽车公司逐步增加发动机集中管理系统的控制功能,这样既满足了当时排放法规的要求,还加大了能满足未来排放法规要求的开发力度。1995 年,日本三菱公司(MIT-SUBISHUI)汽车公司开发了电控缸内直喷汽油机,即 GDI 系统。它采用汽油缸内直喷技术,可以实现汽油机的分层稀薄燃烧,有利于大幅度降低汽油机的燃油消耗和有害物排放,是 21 世纪汽油机发展的主要方向。在此期间,Bosch 公司也开发成功了具有节气门控制功能的 Me-Motronic 系统和采用缸内直喷技术的 MED-Motronic 系统。

我国在汽油机电控技术应用方面起步较晚,从 1994 年上海大众推出采用 D-Jetronic 电控汽油喷射系统的桑塔纳型轿车算起,到 2002 年年底,国产轿车汽油机已全部采用电子控制系统,其发展速度是超常规的。北京和上海已分别在 2002 年和 2003 年开始执行欧Ⅱ标准。2018 年 1 月 1 日起,在全国开始实施第五阶段国家机动车排放标准。汽油机电控技术的普遍应用和排放标准的逐步严格,促进了我国汽油机电控技术的发展,缩短了我国与发达国家在汽车电子化进程上的技术差距。

1.2.2 柴油机电子控制技术的发展

在 20 世纪 70 年代,世界上许多发达国家就已经开发出功能各异的柴油机电子控制系统。进入 80 年代后,在汽油机电子控制技术的促进和推动下,借鉴汽油机电子控制技术成功的经验和总体设计思想,结合柴油机自身特点和排放法规对柴油机的要求,柴油机电子控制技术开始了向电子控制系统全面转变的发展阶段。回顾柴油机电子控制技术的发展过程和技术特点,可以分为以下两个阶段。

第一阶段为 20 世纪 70 年代至 80 年代中期,这一阶段的基本特点是用电子控制的电液式或电磁式线位移或角位移驱动机构(也称位置控制方式),取代原来的机械式调速机构和喷油提前调整装置,实现对循环喷油量和喷油定时的电子控制。这一阶段的典型产品是德国 Bosch 公司开发的采用电液式喷油定时和电子调速器的直列柱塞式电控喷油泵和电控 VE 分配泵,具有喷油量和喷油定时基本控制功能和怠速控制、喷油定时反馈控制及故障自诊断等扩展功能的电控系统。

第二阶段为 20 世纪 80 年代中期以后,这一阶段的基本特点是类似于汽油机的微机控制集中管理系统,开始全面应用于柴油机的运行控制和管理;经过改进和完善,喷油泵和喷油系统的控制方式从位置控制方式向时间控制方式转变取得成功。这一阶段的典型产品有第二代电控 VE 分配泵的 ECD-Ⅱ;德国 Bosch 公司改进的 H 系列可变预行程直列柱塞式电控喷油泵;日本电装公司开发的 ECD-U2 电控高压共轨式喷油系统;美国 DDC 公司开发的 DDRC 电控泵喷嘴喷油系统。

电控技术在柴油机中的应用,为柴油机实现低污染和低油耗,提高动力性,改善运转平稳性,创造了条件。此时柴油机电控技术在我国也进入了实际应用阶段。

1.2.3 汽车发动机电控技术的发展趋势

如何将汽油机和柴油机两者的优点结合起来,开发出兼有两者优点的汽油机和柴油机一直是发动机工程师努力追求的目标。随着电控技术在发动机中的应用,在 20 世纪 90 年代,汽油机"柴油机化"和柴油机"汽油机化"开发工作取得了实质性进展。

汽车发动机技术的发展仍将紧紧围绕环保和节能这一主题展开,直喷式分层稀薄燃烧汽油机的开发将是汽油机发展的主要方向,直喷式单段预混燃烧柴油机将是柴油机发展的主要方向。

1.3 发动机电控技术及其应用

目前在汽车发动机上常用的电控系统主要有电控汽油喷射系统、电控点火系统、怠速控制系统、进气控制系统、排放控制系统、增压控制系统、巡航控制系统、警告提示系统、故障自诊断与报警系统、应急备用系统及失效保护系统等。

1) 电控汽油喷射系统(EFI)

电控汽油喷射系统根据进气量确定基本喷油量,再根据其他传感器(如冷却液温度传感器、节气门位置传感器)信号等对喷油量进行修正,使发动机在各种运行工况下均能获得最佳浓度的混合气，从而提高发动机的动力性、经济性和排放性。

2) 电控点火系统(ESA)

电子控制点火系统最基本的功能是点火提前控制，该系统根据各相关传感器信号，判断发动机的运行工况和运行条件，选择最理想的点火提前角点燃混合气，从而改善发动机的燃烧过程，以达到提高发动机动力性、经济性和降低排放污染的目的。此外，电控点火系统还具有通电时间控制和爆燃控制功能。

3) 怠速控制系统(ISC)

怠速性能的好坏是评价发动机性能优越与否的重要指标，怠速性能差将导致油耗增加，排污严重，因此，需进行必要的控制。现代轿车中一般都设有怠速控制系统，由ECU控制并维持发动机怠速在某一稳定转速范围内。因此，怠速控制通常是指怠速转速控制，其实质就是对怠速工况时的进气量进行调节(同时配合喷油量及点火提前角的控制)。怠速控制的基本原理是ECU根据冷却水温、空调负荷、空挡信号等计算目标转速，并与实际转速相比较，同时检测节气门全关信号及车速信号，判断是否处于怠速状态，确认后则按照目标转速与实际转速之间的差值来驱动执行器调整控制进气量。

目前，除了稳定性控制之外，怠速控制还可以实现起动控制、暖机控制以及负荷变化控制等功能，这一多种功能的集中，不仅简化了机构，而且也提高了怠速控制的精确性。

4) 进气控制系统

进气控制系统是根据发动机转速和负荷的变化，对发动机的进气进行控制，以提高发动机的充气效率，从而改善发动机的动力性。进气控制包括谐波进气增压控制、可变配气相位控制等。

5) 排放控制系统

排放控制系统主要是对发动机排放控制装置的工作实行电子控制。排放控制的项目主要包括：废气再循环(EGR)控制、燃油蒸发排放控制、氧传感器和空燃比闭环控制、三元催化转换器控制、二次空气喷射控制、曲轴箱强制通风控制等。

6) 增压控制系统

增压控制系统是对发动机进气增压装置的工作进行控制。目前，应用较普遍的是电控废气涡轮增压系统。电子控制单元(ECU)根据检测到的发动机进气压力的大小，控制增压装置的工作，以达到控制进气压力、提高发动机动力性和经济性的目的。

7) 巡航控制系统

巡航控制系统的功用是驾驶员设定巡航控制模式后，ECU根据汽车运行工况和运行环境信息，自动调整节气门开度，使汽车行驶自动维持在设定的车速上，从而提高了驾驶的舒适性。

8) 警告提示系统

由ECU控制各种指示和报警装置，一旦控制系统出现故障，该系统能及时发出信号以警告提示，如氧传感器失效、油箱油温过高等。

9) 故障自诊断与报警系统

在现代轿车发动机的电控系统中，ECU一般都带有故障自诊断系统，自行监测、诊断发动机控制系统各部分的故障。对于传感器，可通过检测其信号是否超出规定范围来直接进行判断；对于执行器，则在其初始电路中增设专门回路来实现监测，对于ECU本身，也有专用程序进行诊断。

故障自诊断系统时刻监测各控制系统的工作情况,当出现故障时,一般轿车仪表板上的故障指示灯可闪烁报警,同时将故障信息以代码的形式保存在微机的存储器中,维修时不仅可以通过故障指示灯间断闪烁来显示,也可以通过专用的检测仪器以数字的形式显示故障代码,以便进一步通过手册查出故障原因。自诊断系统很好地解决了复杂电控系统难以判断故障的问题。

10) 应急备用系统及失效保护系统

当自诊断系统检测出传感器及其电路故障后,ECU 中的应急备用系统随之自动启用。应急备用系统会根据程序设定的数据取代故障部分输入的非正常信号,进行直接控制。故障保险系统一般通过软件编程来实现。

而当微机或主要传感器(如空气流量传感器)出现故障时,ECU 立即将主控权由微机切换至故障备用系统中,由其代替微机工作。故障备用系统作为 ECU 的一个集成电路模块,根据起动信号和怠速触点状态信号,一般只能确定维持汽车运行最简单的控制方案,保证轿车"缓慢回家"以便修理,而不能达到微机控制时的最佳性能。

1.4 发动机电子控制系统的组成

任何一种电子控制系统的组成都可分为传感器、电子控制单元(ECU)和执行器三部分。发动机电子控制系统的基本组成如图 1-1 所示。

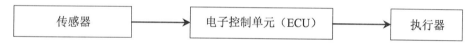

图 1-1 发动机电子控制系统的基本组成

传感器:传感器是一种信号转换装置,安装在发动机的各个部位,用来检测发动机运行状态的各种电量参数、物理量参数等,并将这些参数转换成计算机能够识别的电量信号输入电子控制单元(ECU)。

电子控制单元:电子控制单元又称电控单元或 ECU。其功能是:给各传感器提供参考电压,接收传感器或其他装置输入的信息,将其转变为微型计算机所能接收的信号;存储分析计算所用的程序、车型的特性参数、运算中的数据及故障信息;运算分析处理后给执行器发出指令;将输出的信息与标准值对比,查出故障并输出故障信息,并进行自我修正(自适应功能)。

执行器:执行器是发动机电子控制系统的输出装置,其功能是接受电子控制单元的控制指令来完成具体的操作动作,是具体执行某项控制功能的装置。在发动机电子控制系统中,执行器把从 ECU 传来的电信号转换为机械运动。它通过电能、发动机真空、气压或三者之间的组合作用推动发动机或汽车的某个装置运动,以完成相应的控制任务。在发动机电子控制系统中,主要的执行器有电动燃油泵、喷油器电磁阀、点火控制器、怠速控制阀、活性炭罐及其电磁阀。其他的执行器还有进气控制阀、EGR 阀、二次空气喷射阀、燃油泵继电器、故障灯等。随着控制功能的增强,执行器也将相应增加。

1.5 发动机电控系统主要传感器

1.5.1 空气流量传感器

空气流量传感器又称为空气流量计(Air Flow Meter，AFM)，其作用是检测发动机的进气量，并将进气量转换成电信号输入发动机 ECU 中，作为燃油喷射和点火控制的主控制信号。

根据空气计量方式不同，空气流量传感器分为 D 型(压力型)和 L 型(空气流量型)两种。

D 来源于德语"Druck(压力)"的第一个字母，是利用压力传感器检测进气歧管内的绝对压力，ECU 再根据发动机转速和进气温度等信号计算进入气缸的空气量。测量方法属于间接测量，其测量精度不高，但成本较低。

L 来源于德语"Luftmengen(空气流量)"的第一个字母，是利用流量传感器直接测量进入进气管的空气流量。因为采用直接测量方式，所以其测量精度较高。L 型空气流量传感器又分为体积流量型(如叶片式、卡门旋涡式)传感器和质量流量型(如热丝式和热膜式)传感器。

1. 叶片式空气流量计

1) 叶片式空气流量计的结构组成

叶片式空气流量计的结构如图 1-2 所示。叶片式空气流量计主要由测量叶片、缓冲叶片、回位弹簧、电位计、旁通气道等组成，此外还包括怠速调整螺钉、油泵开关及进气温度传感器等。在流量计内设有缓冲室和缓冲叶片，利用缓冲室内的空气对缓冲叶片的阻尼作用，可减小因发动机进气量急剧变化而引起的测量叶片脉动。这种传感器的结构简单，可靠性高；但进气阻力大，响应较慢且体积较大。在 20 世纪 70 年代至 80 年代的日本轿车上应用较多。

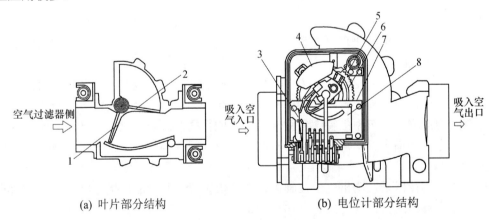

(a) 叶片部分结构　　　　　　(b) 电位计部分结构

图 1-2　叶片式空气流量计结构

1—测量叶片；2—缓冲叶片；3—汽油泵节点；4—平衡配重；5—调整齿圈；
6—回位弹簧；7—电位计部分；8—印制电路板

2) 叶片式空气流量计的工作原理

叶片式空气流量计是一种利用力矩平衡原理和电位器原理而开发研制的流量传感器。

叶片式空气流量计的工作原理如图 1-3 所示。当吸入发动机的空气通过空气流量计主通道时，叶片将受到吸入空气气流的压力及复位弹簧的弹力控制，空气流量增大，则气流压力增大，使叶片偏转，叶片转角增大，复位弹簧弹力增加，直到两力平衡为止。与此同时，电位计中的滑动臂与叶片转轴同轴偏转，使接线插头 V_C 与 V_S 间的电阻减小，U_S 电压值降低，电子控制单元根据空气流量计送入 U_S/U_B 信号，感知空气流量的大小。U_S/U_B 的电压比值与空气流量成反比，且线性下降。当吸入空气的空气流量减小时，叶片转角减小，接线插头 V_C 与 V_S 间的电阻值增大，U_S 电压值上升，则 U_S/U_B 的电压比值随之增大。

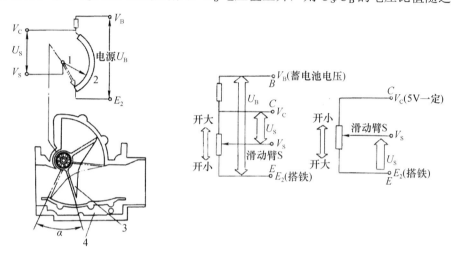

图 1-3 叶片式空气流量计工作原理

1—电位计滑动臂；2—电位计镀膜电阻；3—叶片；4—旁通气道

3) 叶片式空气流量计的工作电路

叶片式空气流量计只能检测进气的体积流量，所以 ECU 须根据进气温度信号对喷油量进行修正。有些车型还把油泵控制开关装在叶片式空气流量计中，当发动机不工作(无进气)时，油泵开关断开，使燃油泵能在发动机熄火时立即停止工作。其工作电路原理如图 1-4 所示。

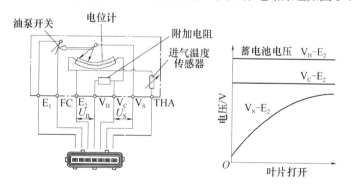

图 1-4 叶片式空气流量计工作电路原理图

2. 卡门旋涡式空气流量计

1) 卡门旋涡原理

卡门旋涡式空气流量计在进气通道中设置一锥形涡流发生器，当空气流过时在涡流发生器后面产生两列规律交错的旋涡(称之为卡门旋涡)，如图 1-5 所示。当满足 $h/t = 0.281$ 时，两列旋涡才是稳定的。设卡门旋涡的频率为 f，则有

$$f = S_t \frac{v}{\beta d} \tag{1-1}$$

式中　　S_t——斯特罗巴尔数；
　　　　v——空气流速(m/s)；
　　　　β——直径比，$\beta = d/D$，D 为管道直径；
　　　　d——锥体直径(mm)。

若管道的截面积为 A，由式(1-1)可知，空气的体积流量 q_v 为

$$q_v = A \frac{\beta d f}{S_t} = kf \tag{1-2}$$

式中　　k——比例常数。

由式(1-2)可知，体积流量与卡门旋涡式空气流量计的输出频率成正比。利用这一原理，只要检测出卡门旋涡的频率便可求出空气的体积流量。

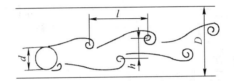

图 1-5　卡门旋涡产生的原理

根据旋涡频率的检测方式不同，可以分为光学检测方式和超声波检测方式两种类型。

2) 光学检测式卡门旋涡空气流量计

光学检测式卡门旋涡空气流量计的工作原理如图 1-6 所示。光学检测方式是利用涡流发生器产生旋涡时，其两侧压力会发生变化的特点来检测涡流频率。

空气流经过涡流发生器时，产生的旋涡会使涡流发生器后面两侧的压力发生波动，这个波动经压力导向孔作用在反光镜上，使反光镜发生振动，反光镜将发光二极管投射的光反射给光敏晶体管，光敏晶体管便产生与涡流频率相对应的脉冲电压信号。频率高对应于进气量大。

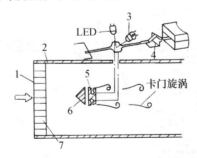

图 1-6　光学检测式卡门旋涡空气流量计工作原理

1—空气进口；2—管路；3—光敏晶体管；4—板弹簧；5—导孔；6—旋涡发生器；7—卡门旋涡

3) 超声波检测式卡门旋涡空气流量计

超声波检测式卡门旋涡空气流量计的工作原理如图 1-7 所示。超声波检测方式是利用旋涡会引起空气疏密变化的特点来检测旋涡频率的。

超声波信号发生器发出超声波，并经超声波发射探头向涡流的垂直方向发射超声波，另一侧的超声波接收探头接收到随空气疏密变化而变化的超声波，经接收回路放大处理后形成与涡流频率相对应的矩形脉冲波。频率高对应于进气量大。

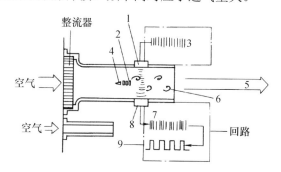

图 1-7 超声波检测式卡门旋涡空气流量计工作原理

1—超声波发射探头；2—涡流稳定板；3—超声波信号发生器；4—涡流发生器；5—通往发动机；6—卡门旋涡；7—与涡流数对应的脉冲信号；8—超声波接收探头；9—接 ECU

3. 热丝式与热膜式空气流量计

热丝式与热膜式空气流量计是用于检测吸入发动机空气的质量流量的传感器。热丝式空气流量计的发热元件是铂金属丝，热膜式空气流量计的发热元件是铂金属膜。铂金属发热元件的响应速度快，检测精度不受进气气流脉动的影响(气流脉动在发动机大负荷、低转速运转时最为明显)。此外，热式空气流量计还具有进气阻力小、无磨损部件等优点，因此目前大多数中高档轿车都采用这一传感器。

在进气气流的冷却作用下，铂金属发热元件在单位时间内的散热量 H 和发热元件的温度 T_H 与进气气流温度 T_G 之差成正比，其散热量 H 与进气气流质量流量 Q_M 之间的函数关系如下

$$H = K\lambda^{1-m}\mu^{m-n}C_p^m(T_H - T_G)Q_M^n \tag{1-3}$$

式中：K 为常数；λ 为空气热导率；μ 为空气黏性系数；C_P 为空气比热容；m 和 n 的值与流体的性质及雷诺数有关，对于热丝式发热元件，$m=0.3$，$n=0.38\sim0.50$。

设发热元件的加热电流为 I、电阻值为 R_H，在热平衡状态下，散热量等于发热量，即

$$H = I^2 R_H \tag{1-4}$$

由式(1-3)和式(1-4)可得气流的质量流量 Q_M 与加热电流 I 之间的函数关系式如下

$$Q_M = \sqrt[n]{\left(\frac{R_H \cdot K_T}{T_H - T_C}\right) \times I^2} \tag{1-5}$$

式中：$K_T = K^{-1}\lambda^{m-1}\mu^{n-m}C_p^{-m}$，温度系数 K_T 值与进气温度 T_G 有关，$K_T = (0.15\sim0.18\%)/℃$；发热元件的电阻值 R_H 与自身温度 T_H 有关，温度升高，阻值增大。

由式(1-5)可知，通过控制发热元件的温度 T_H 与进气气流温度 T_G 之差为一恒定值，就可以根据发热元件的加热电流 I 求得进气气流的质量流量 Q_M。在热丝式与热膜式流量传感器中，采用了恒温差控制电路来实现流量检测。

1) 热丝式空气流量计

热丝式空气流量计的结构如图1-8所示,它主要由铂金热丝、温度补偿电阻和控制线路等部分组成。铂金热丝和温度补偿电阻安装在取样管内,铂金热丝的作用是感知空气流量,温度补偿电阻能对进气温度进行补偿修正,控制线路控制铂金热丝与温度补偿电阻的温差保持不变,并将空气流量转化为电压信号。由于取样管置于主空气通道中央,因此这种检测方式称为主流检测方式。

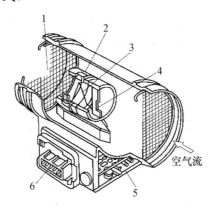

图 1-8 热丝式空气流量计结构

1—金属网;2—取样管;3—热丝;4—温度补偿电阻;5—控制电路;6—接线端子

热丝式空气流量计的工作原理如图 1-9 所示。在空气通道中放置热丝 R_H,其热量被空气吸收。热丝周围通过的空气质量流量越大,被带走的热量越多。将铂金热丝 R_H 和温度补偿电阻 R_T 分别置于惠斯顿电桥电路的两个桥臂上,控制电路控制铂金热丝与吸入空气的温度差保持不变(一般为 100℃),从而消除了进气温度对测量值的影响。当空气质量流量增大时,由于空气带走的热量增多,为保持热丝温度,控制电路使热丝 R_H 通过的电流增大,反之,则减小。精密电阻 R_S 也是惠斯顿电桥电路的一个桥臂,将通过铂金热丝 R_H 的电流信号转化为空气流量计的输出电压信号。

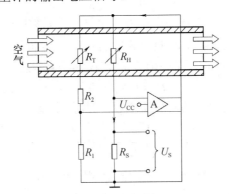

图 1-9 热丝式空气流量计的工作原理

R_H—热丝电阻;R_T—温度补偿电阻;R_S—信号取样电阻;R_1—电桥电阻;R_2—精密电阻;
U_S—输出信号电压;U_{CC}—电源电压;A—混合集成电路

当热丝沾污后,其热辐射降低,会影响测量精度。为保证测量精度,热丝式空气流量计一般都有自洁功能。发动机转速超过 1500r/min，关闭点火开关使发动机熄火后，控制系统自动将热线电阻器加热到 1000℃以上并保持 1s，以便将附在热丝上的粉尘烧掉。

2) 热膜式空气流量计

热膜式空气流量计的结构如图 1-10 所示，其工作原理与热丝式空气流量计基本相同。其采用热膜取代铂金热丝，热膜是由发热金属铂固定在树脂薄片上制成的。热膜式空气流量计具有结构简单、工作可靠等特点，而且不需要额外加热以消除热膜上的污染物，将传感元件的热传导部件安装在传感器后方(沿空气流动方向)，可以防止沉积物对传感元件产生影响。这种流量计的主要缺点是空气流速不均匀，易影响测量精度。采用这种空气流量计的车型有上海大众的桑塔纳 2000 型时代超人、马自达 626 等。

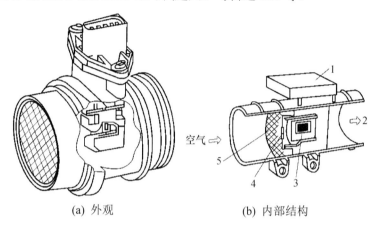

(a) 外观　　　　　　(b) 内部结构

图 1-10　热膜式空气流量计结构

1—控制电路；2—进气；3—热膜；4—温度补偿电阻；5—金属网

大众车系热膜式空气流量计的接线如图 1-11 所示。空气流量计上端子 4 为电子控制单元(ECU)供电线(+5V)，端子 3 为信号线负极，端子 5 为信号线正极，端子 2 来自燃油泵继电器电源(12V)。

控制单元利用空气流量计的信号，确定喷油量和点火提前角。如果没有收到空气流量计的信号，控制单元用发动机转速传感器、节气门电位计或进气温度传感器的信号来代替。

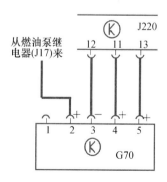

图 1-11　大众车系热膜式空气流量计接线电路

1.5.2 进气压力传感器

进气压力传感器是进气歧管绝对压力传感器(Manifold Absolute Pressure Sensor)的简称,其功能是通过检测进气歧管内绝对压力(真空度)的变化来反映发动机的负荷状况,并将发动机的负荷状况转换成电压信号输送到发动机电子控制单元(ECU)中,与转速信号一起作为确定喷油器基本喷油量(喷油脉宽)的依据。进气压力传感器是一种间接测量发动机进气量的传感器,它主要用在 D 型电子燃油喷射系统中。

进气压力传感器按其信号产生原理可分为压敏电阻式、电容式等。由于压敏电阻式具有响应时间快、检测精度高、尺寸小且安装灵活等优点,因而被广泛用于 D 型喷射系统中。

压敏电阻式进气压力传感器主要由压力转换原件和把输出信号进行放大的混合集成电路等构成。其结构及工作原理如图 1-12 所示。

应变电阻 R_1、R_2、R_3、R_4 构成惠斯顿电桥并与硅膜片连接在一起,硅膜片封装在真空室内。当发动机工作时,由于一侧受进气压力的作用,另一侧是真空,所以在进气歧管压力发生变化时,硅膜片产生应力变形,使扩散在硅膜片上的电阻的阻值改变,导致惠斯顿电桥上电阻值的平衡被打破,当电桥的输入端输入一定的电压时,在电桥的输出端就可得到变化的信号电压。歧管内的绝对压力越高,硅膜片的变形越大,因此电阻 R 的阻值发生的变化就会越大。即把硅膜片机械式的变化转变成了电信号,再由集成电路放大后输出至 ECU。

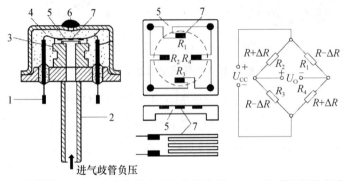

(a) 结构图　　(b) 半导体应变片贴片位置　　(c) 传感器测量电路

图 1-12　压敏电阻式进气压力传感器结构及工作原理

1—引线端子；2—真空管；3—硅杯；4—真空室；5—硅膜片；6—锡焊封口；7—应变电阻

进气压力传感器与 ECU 的连接电路如图 1-13 所示。

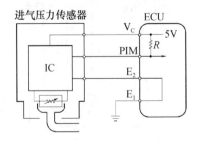

图 1-13　进气压力传感器与 ECU 的连接电路

1.5.3 节气门位置传感器

1. 节气门位置传感器的作用与类型

节气门位置传感器的作用是将节气门开度转换成电信号输入 ECU，以便 ECU 判别发动机的工况(如怠速工况、部分负荷工况、大负荷工况等)，并根据发动机不同工况对混合气浓度的需求来控制喷油时间。

节气门位置传感器一般安装在节气门体上节气门轴的一端。节气门位置传感器有开关(触点)式、线性可变电阻式、触点与可变电阻组合式(综合式)三种。

2. 开关(触点)式节气门位置传感器

开关(触点)式节气门位置传感器的内部结构如图 1-14(a)所示，其主要由与节气门轴联动的凸轮、节气门轴、活动触点、怠速触点(IDL)、全负荷触点(PSW)(又称为功率触点)等组成。怠速触点(IDL)和全负荷触点(PSW)用来检测发动机运行工况。ECU 通过活动触点端子(TL)给传感器提供电源，两个固定触点端子(IDL、PSW)给 ECU 输送节气门位置信号，从而判定发动机所处的工作状态。

开关(触点)式节气门位置传感器的输出特性如图 1-14(b)所示。当节气门关闭时，怠速触点(IDL)输出端子信号为低电平 0，全负荷触点(PSW)输出端子信号为高电平 1。ECU 接收到节气门位置传感器输出的这两个信号时，如果车速为零，那么 ECU 判定发动机处于怠速状态，并控制喷油器喷油，使发动机维持怠速稳定运转；如果车速不为零，那么 ECU 判定发动机处于减速状态，并控制喷油器停喷。

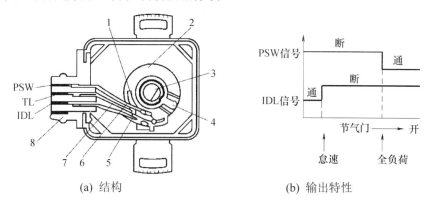

(a) 结构　　　　　　　　　(b) 输出特性

图 1-14　开关(触点)式节气门位置传感器结构与电压输出信号

1—导向槽；2—凸轮；3—节气门轴；4—控制臂；5—怠速触点；6—全负荷触点；
7—活动触点；8—连接器

当节气门开度增大时，凸轮将怠速触点(IDL)顶开，全负荷触点(PSW)保持断开状态，怠速触点(IDL)端子输出高电平 1，全负荷触点(PSW)端子输出也为高电平 1。ECU 判定发动机处于部分负荷状态，此时 ECU 根据空气流量传感器信号和发动机转速信号计算确定喷油量。

当节气门接近全部开启(80%以上负荷)时，凸轮转动使全负荷触点(PSW)闭合，全负荷触点(PSW)端子输出低电平 0，怠速触点(IDL)端子输出高电平 1。ECU 接收到这两个信号时，便可判定发动机处于部分负荷状态，控制喷油器增加喷油量。

3. 线性可变电阻式节气门位置传感器

线性可变电阻式节气门位置传感器采用线性电位计，由节气门轴带动电位计的滑动触点动作，其结构及电路原理如图 1-15 所示。ECU 通过节气门位置传感器可以获得节气门从全闭到全开的所有开启角度的、连续变化的电压信号，以及节气门开度的变化速率，从而更精确地判定发动机的运行工况。

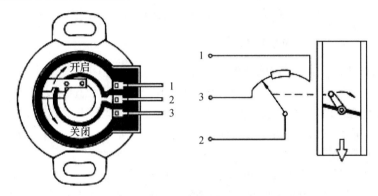

图 1-15 线性可变电阻式节气门位置传感器结构及电路原理

4. 触点与可变电阻组合式(综合式)节气门位置传感器

触点与可变电阻组合式节气门位置传感器是在线性可变电阻式节气门位置传感器的基础上加装了一个怠速开关，其结构如图 1-16(a)所示，传感器与 ECU 的连接电路如图 1-16(b)所示。ECU 通过 V_C 端子给传感器提供 5V 标准电压，节气门位置信号通过 VTA 端子输送给 ECU，E_2 端子搭铁。

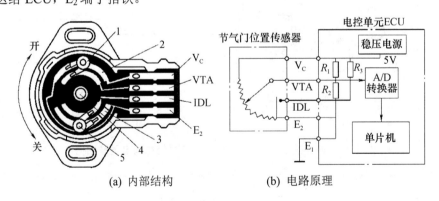

(a) 内部结构　　　(b) 电路原理

图 1-16 丰田轿车组合式节气门位置传感器结构及电路原理

1—可变电阻滑动触点；2—镀膜电阻；3—绝缘部件；4—节气门轴；5—怠速触点

5. 节气门控制部件 J338

国产大众桑塔纳时代超人、捷达车系、帕萨特车系均采用了节气门控制部件，其结构如图 1-17 所示。它将节气门电位计、节气门控制器电位计、节气门控制器及怠速开关合为一体。节气门控制部件由发动机电子控制单元控制，电子控制单元收到怠速开关、节气门电位计和节气门控制器电位计有关目前节气门位置的信号后，控制节气门控制器动作，使发动机转速稳定在规定的怠速转速范围内。注意：节气门壳体不能打开，电位计和怠速开关不能人工调节。

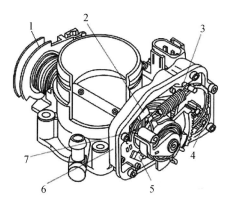

图 1-17 节气门体单元结构

1—节气门拉索；2—节气门控制器电位计；3—紧急运行弹簧；4—节气门控制器(怠速电动机)；
5—节气门电位计；6—整体式怠速稳定装置；7—怠速开关

大众车系节气门控制部件的接线如图 1-18 所示。其中节气门控制部件上端子 1 为节气门控制器的供电线正极，端子 2 为节气门控制器的供电线负极，端子 3 为怠速开关信号线，端子 4 为电子控制单元(ECU)供电线(+5V)，端子 5 为节气门电位计信号线，端子 7 为供电线负极，端子 8 为节气门控制器电位计信号线。

如果电子控制单元对节气门控制器的控制出现故障或者电机损坏，节气门控制部件中的紧急运行弹簧将发生作用，使节气门处于紧急运行位置。

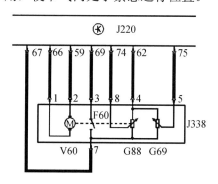

图 1-18 大众车系节气门控制部件的接线

V60—节气门控制器；F60—怠速开关；G88—节气门控制器电位计；G69—节气门电位计；
J338—节气门控制部件；J220—电子控制单元

1.5.4 温度传感器

1. 温度传感器的作用与类型

温度传感器主要用于检测被测对象的温度,并转换为相应的电信号输送给电子控制单元,以使电子控制单元进行与温度相关的修正控制。温度传感器按其结构与工作原理可分为热敏电阻式、双金属片式、热电耦式、半导体晶体管式。汽车电子控制系统中应用较多的是热敏电阻式温度传感器。在电控燃油喷射发动机上主要有两种温度传感器:一种是冷却液温度传感器,另一种是进气温度传感器。

2. 冷却液温度传感器

热敏电阻式冷却液温度传感器安装在发动机缸体或缸盖的水套上,与冷却液接触,用来检测发动机冷却液的温度,并转换成电压信号输送给 ECU,ECU 根据发动机的温度信号修正喷油时间和点火时刻,从而使发动机工况处于最佳状态。

冷却液温度传感器的内部是一个负温度系数的热敏电阻,其结构及电路原理如图 1-19 所示。当冷却液温度升高时,传感器的电阻值将降低;反之,当冷却液温度降低时,传感器的电阻值将升高。冷却液温度传感器的输出特性如图 1-20 所示。

如果冷却液温度传感器没有输出信号,将导致发动机冷车或热车起动困难,油耗增加,废气排放量增加。

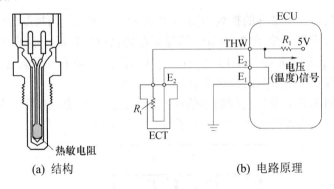

图 1-19 冷却液温度传感器结构及电路原理

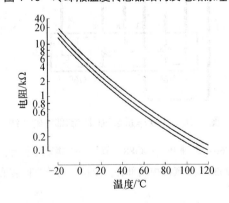

图 1-20 冷却液温度传感器的输出特性

3. 进气温度传感器

进气温度传感器(IATS)用来检测进气温度，并转换成电压信号输送给 ECU，以便根据进气温度的变化修正喷油量。进气温度传感器的结构及工作原理如图 1-21 所示，其结构及电路原理与冷却液温度传感器相同，只是由于它们的使用场合和测试环境有差异，所以它们的安装位置、外形和工作温度不同。

如果进气温度传感器没有输出信号，将导致发动机热车起动困难，废气排放量增加。

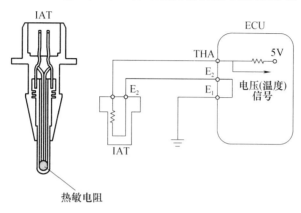

图 1-21 进气温度传感器结构及工作原理

1.5.5 发动机转速与曲轴位置传感器

发动机转速传感器用来测量发动机转速，并变成电信号输送给电子控制单元，用以确定基本喷油量和基本点火提前角；曲轴位置传感器向电子控制单元提供曲轴转角电信号，用以确定点火正时和喷油正时。在无分电器电控点火系统和按各缸工作顺序喷油的燃油喷射系统中，曲轴位置传感器还用于判缸。目前，发动机转速与曲轴位置传感器有磁感应式、光电式、霍尔效应式三种类型。

1. 磁感应式发动机转速与曲轴位置传感器

磁感应式发动机转速与曲轴位置传感器的基本原理与磁感应式点火信号发生器一样，但其结构与安装形式有多种。

1) 安装于分电器内

在分电器的发动机电子控制系统中，发动机转速与曲轴位置传感器安装于分电器内，其结构形式如图 1-22 所示。用于触发产生曲轴位置信号的导磁转子 G 和触发产生转速信号的导磁转子 Ne 上下布置，均由分电器轴驱动，分别触发 G_1 及 G_2、Ne 感应线圈，产生交变的感应电压信号。电子控制单元根据 G_1 和 G_2 信号确定发动机曲轴位置；根据 Ne 信号确定发动机转速，并控制点火和喷油。

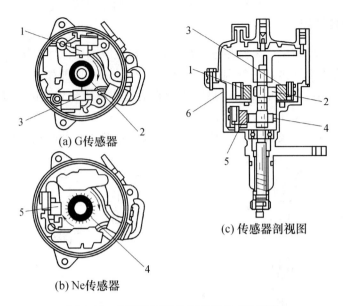

图 1-22 导磁转子触发的磁感应式传感器

1—G_1 感应线圈；2—G 转子；3—G_2 感应线圈；4—Ne 转子；5—Ne 感应线圈；6—分电器壳

由于车型不同，G 转子和 Ne 转子凸齿的齿数以及 G 感应线圈的个数也不同。丰田车系磁感应式发动机转速与曲轴位置传感器的信号形式如图 1-23 所示。

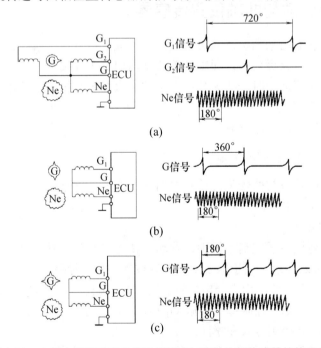

图 1-23 丰田车系磁感应式发动机转速与曲轴位置传感器的信号形式

2) 安装于飞轮处

安装于飞轮处的磁感应式传感器本身无触发转子，而是利用飞轮的齿圈和飞轮上的正时记号触发产生感应电压。其中飞轮的轮齿和一个传感器构成了曲轴转角和发动机转速传感器，飞轮上的正时记号和另一个传感器构成了曲轴位置传感器，如图1-24所示。

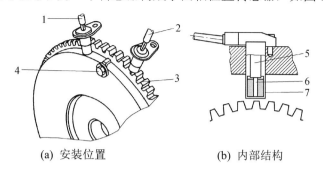

(a) 安装位置　　　　　　　　(b) 内部结构

图 1-24　飞轮齿圈触发的磁感应式传感器

1—曲轴位置传感器；2—转速传感器；3—飞轮齿圈；4—曲轴位置标记；5—永久磁铁；
6—铁心；7—感应线圈

当发动机转动而使飞轮的轮齿和飞轮上的正时记号通过传感器铁心时，传感器磁路的磁阻发生变化，通过感应线圈的磁通量随之改变，从而使两传感器的感应线圈产生相应的电压脉冲信号。电子控制单元根据两传感器的电压脉冲信号即可判别发动机转速与曲轴的相应位置。

另一种安装于飞轮处的磁感应式传感器如图 1-25(a)所示，这种传感器在发动机飞轮上另装有一个 60－2 个齿的齿圈，齿圈齿缺位置与曲轴的位置相对应。当大缺齿转过传感器磁头时，传感器的输出信号相对于其他小缺齿而言为一宽脉冲信号，该信号对应于第 1 缸或第 4 缸压缩上止点前一定角度。由发动机凸轮轴位置传感器输入的信号来确定即将到来的是 1 缸还是 4 缸的上止点。发动机转动时产生的信号电压波形如图 1-25(b)所示。电子控制单元根据此信号计算发动机转速，并确定曲轴位置。

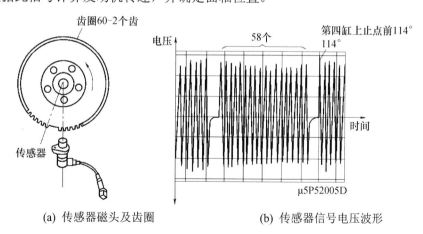

(a) 传感器磁头及齿圈　　　　　　(b) 传感器信号电压波形

图 1-25　齿圈触发的磁感应式传感器

大众车型发动机转速传感器的接线如图 1-26 所示。其中端子 3 为点火正时/转速信号线，端子 2 为信号线负极，端子 1 为屏蔽线。

如果发动机电子控制单元没有收到发动机转速传感器的信号，发动机立即熄火或不能起动。

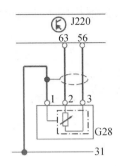

图 1-26　大众车型发动机转速传感器的接线

2. 光电式发动机转速与曲轴位置传感器

光电式发动机转速与曲轴位置传感器多安装于分电器内，如图 1-27 所示，主要由发光二极管、光敏晶体管、遮光盘等组成，其基本结构组成和工作原理与光电式点火信号发生器相同。

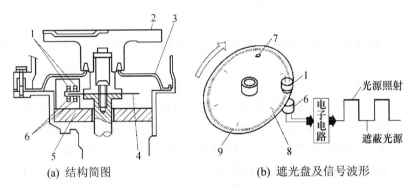

(a) 结构简图　　　　　　　　　　(b) 遮光盘及信号波形

图 1-27　光电式发动机转速与曲轴位置传感器

1—发光二极管；2—分火头；3—密封盖；4—遮光盘；5—整形电路；6—光敏晶体管；
7—120°信号孔(第一缸)；8—120°信号孔；9—1°信号缝隙

遮光盘上制有一定数量的透光孔，利用发光二极管作为信号源，随遮光盘转动，当透光孔与发光二极管对正时，光线照射到光敏晶体管上产生电压信号，经电子电路放大后输送给 ECU。转盘内、外两圈的透光孔数量不等，分别用以产生曲轴位置 G 信号、曲轴转角与发动机转速 Ne 信号。

3. 霍尔效应式发动机转速与曲轴位置传感器

霍尔效应式发动机转速与曲轴位置传感器的工作原理与霍尔效应式点火信号发生器相同，但由于安装位置不同，其结构形式也不同。

1) 导磁转子触发的霍尔效应式传感器

安装在分电器内的霍尔效应式发动机转速与曲轴位置传感器的结构形式及原理与霍尔效应式点火信号发生器相似，这里不再重复。图 1-28 所示为美国 GM 公司的霍尔效应式发动机转速与曲轴位置传感器，此传感器安装于曲轴的前端，导磁转子由曲轴驱动。传感器的两个导磁转子内外布置，在内外导磁转子的侧面各设置一个信号触发开关，外信号轮均布有 18 个叶片和窗口，内信号轮有 3 个叶片(100°、90°、110°)和 3 个窗口(20°、30°、

10°)。其产生的曲轴位置信号和曲轴转角信号的电压波形如图 1-29 所示。

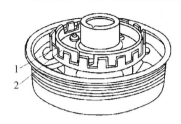

图 1-28　美国 GM 公司霍尔效应式发动机转速与曲轴位置传感器

1—外导磁转子；2—内导磁转子

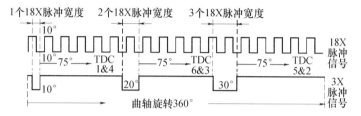

图 1-29　霍尔效应式发动机转速与曲轴位置传感器输出信号电压波形

2) 专用齿槽触发的霍尔效应式传感器

安装于飞轮处、在四缸发动机上使用的霍尔效应式发动机转速与曲轴位置传感器如图 1-30 所示。

在飞轮齿圈与驱动盘的边缘有对称的两组(六缸发动机为 3 组)槽，每组均布有 4 个槽，当槽对准信号触发开关下方时，传感器输出高电平(5V)，而当无槽面对准信号触发开关下方时，传感器输出低电平(0.3V)。发动机转动时，传感器产生如图 1-30(b)所示的电压波形，电子控制单元根据此脉冲信号即可判别曲轴的位置并计算发动机的转速。

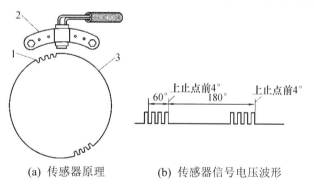

(a) 传感器原理　　(b) 传感器信号电压波形

图 1-30　安装于飞轮处的霍尔效应式传感器

1—槽；2—信号触发开关；3—飞轮

1.5.6 凸轮轴位置传感器

凸轮轴位置传感器（Camshaft Position Sensor，CPS）的作用是采集配气凸轮轴的位置信号，并输入 ECU，以便电子控制单元识别第 1 缸压缩上止点，从而进行顺序喷油控制、点火时刻控制和爆燃控制。凸轮轴位置传感器能够识别哪一个气缸活塞即将到达上止点，所以也称为气缸识别传感器。按照传感器的结构不同，凸轮轴位置传感器有磁感应式、光电式、霍尔效应式。其中霍尔效应式在凸轮轴位置传感器中应用较多。

霍尔效应式凸轮轴位置传感器是利用霍尔效应原理，产生与凸轮轴位置相对应的电压脉冲信号的传感器。其工作原理如图 1-31 所示。当转子转动时，转子的触发凸齿便从霍尔集成电路与永久磁铁之间的气隙中转过；当凸齿离开气隙时，永久磁铁的磁通便经霍尔集成电路和导磁钢片构成回路，此时霍尔元件产生电压(U_H=1.9～2.0V)，霍尔集成电路输出级的晶体管导通，传感器输出的信号电压 U_0 为低电平；当凸齿进入气隙时，霍尔集成电路中的磁场被凸齿旁路，霍尔电压 U_H 为零，集成电路输出级的晶体管截止，传感器输出的信号电压 U_0 为高电平。ECU 根据霍尔电压产生的时刻确定凸轮轴位置。

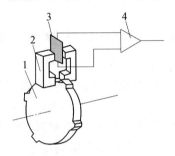

图 1-31 霍尔效应式凸轮轴位置传感器工作原理

1—转子；2—永久磁铁；3—霍尔元件；4—放大电路

捷达 AT 和 GTx、桑塔纳 2000GSi 型轿车采用的霍尔效应式凸轮轴位置传感器与 ECU 的连接如图 1-32 所示。该传感器接线插座上有 3 个引线端子，端子 1 为传感器电源正极端子，与控制单元端子 62 连接；端子 2 为传感器信号输出端子，与控制单元端子 76 连接；端子 3 为传感器电源负极端子，与控制单元端子 67 连接。

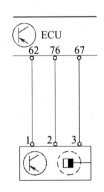

图 1-32 霍尔效应式凸轮轴位置传感器与 ECU 的连接

凸轮轴位置传感器输出的信号电压与曲轴位置传感器输出的信号电压之间的关系如图 1-33 所示。发动机曲轴每转 2 圈(720°)，霍尔效应式传感器的转子就转过 1 圈(360°)，对应产生 1 个低电平信号和 1 个高电平信号(其中低电平信号对应于第 1 缸压缩上止点前一定角度)，即上升沿信号和下降沿信号，上升沿信号用于检测第 1 缸压缩上止点，下降沿信号用于检测第 4 缸压缩上止点。

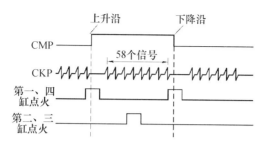

图 1-33 凸轮轴位置传感器与曲轴位置传感器输出的信号电压关系图

1.5.7 爆燃传感器

在发动机电子控制系统中,当点火时刻采用闭环控制时,就能有效地抑制发动机产生爆燃。爆燃传感器用于检测发动机燃烧时有无爆燃,并把爆燃转换成电压信号输送给 ECU,ECU 根据爆燃信号对点火提前角进行修正,使点火提前角保持最佳,以防止爆燃。

爆燃传感器直接安装在发动机的气缸体上。按爆燃传感器的结构不同,可将其分为压电式和磁电式两种,目前大多数汽车采用压电式爆燃传感器。压电式爆燃传感器又有共振型和非共振型两种,压电式爆燃传感器的结构如图 1-34 所示。

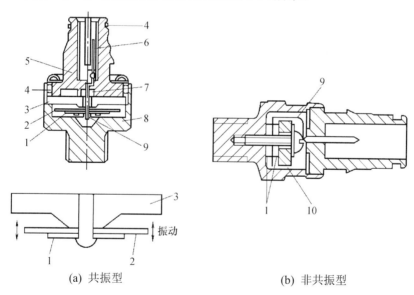

(a) 共振型　　　　　　　　(b) 非共振型

图 1-34 压电式爆燃传感器结构

1—压电元件;2—振荡片;3—基座;4—O 环;5—连接器;6—接头;7—密封剂;8—外壳;
9—引线;10—配重块

1. 共振型压电式爆燃传感器

共振型压电式爆燃传感器由压电元件、振荡片、基座、外壳等组成。压电元件紧贴在振荡片上,振荡片固定在基座上。振荡片随发动机振荡,振荡力作用于压电元件并产生电压信号输出。当发动机产生爆燃时的振动频率(约 6000Hz)与压电效应传感器自身的固有频率一致时，即产生共振现象。这时传感器会输出一个很高的信号电压，并将其送至 ECU，ECU 及时修正点火时间，避免爆燃的产生。共振型压电式爆燃传感器与 ECU 的连接及输出特性如图 1-35 所示。

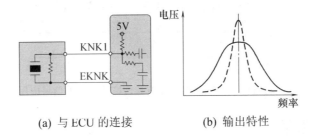

(a) 与 ECU 的连接　　　　(b) 输出特性

图 1-35　共振型压电式爆燃传感器与 ECU 的连接及输出特性

2. 非共振型压电式爆燃传感器

非共振型压电式爆燃传感器内部无振荡片，但设置一配重块，配重块以一定的预紧力压紧在压电片上。当发动机振动时，配重块因受振动影响而产生加速度，并形成正比于振动加速度的压力作用于压电元件上，压电元件再将压力信号转换成电压信号。

由于非共振型压电式爆燃传感器在发动机爆燃时不会产生共振，其电压信号并无特别明显的增大，因此，爆燃是否发生还要靠专门的滤波器来判别。ECU 检测出该电压信号，并根据其值的大小判断爆燃强度，以此推迟点火提前角来消除爆燃。非共振型压电式爆燃传感器与 ECU 的连接如图 1-36 所示。

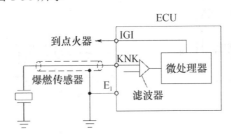

图 1-36　非共振型压电式爆燃传感器与 ECU 的连接

1.5.8　氧传感器

氧传感器也称 λ 传感器，安装在发动机排气管上，用来检测发动机废气中的氧含量，产生一个与其成比例的电压信号并输入发动机 ECU 中。ECU 根据该信号判断出实际空燃比值，并对喷油器的喷油量进行修正，实现空燃比反馈控制，将其控制在理论空燃比附近，使三元催化转换器的转换效率达到最佳效果，从而降低有害气体的排放和节约燃油。

汽车上应用的氧传感器分为氧化锆式(ZrO_2)、氧化钛式(TiO_2)两种类型，氧化锆式氧传感器又分为加热型和非加热型两种，氧化钛式氧传感器一般都是加热型。

1. 氧化锆式氧传感器

氧化锆式氧传感器主要由氧化锆(ZrO_2)和护套组成，其结构如图 1-37 所示。锆管由陶瓷体制成，固定在带有安装螺纹的固定套中，插入排气管中。它的内表面与空气相通，外表面与废气相通。锆管的内外表面覆盖一层多孔性铂膜作为电极，以防止废气腐蚀铂膜，在锆管外表面的铂膜层上覆盖一层多孔陶瓷层，并有一个防护套管，套管上开有槽口或孔。氧传感器的接线端有一个金属护套，上面开有孔，使锆管内表面与空气相通，导线将锆管内表面铂极经绝缘套从传感器引出。

锆管的陶瓷体是多孔体，氧气可以渗入该多孔体固体电解质内。温度较高时，氧气发生电离。只要锆管内(大气)外(废气)侧氧含量不一样，存在氧浓度差，则在固体电解质内部氧离子从大气一侧向废气一侧扩散，使锆管形成微电池，在锆管铂极间产生电压，如图 1-38 所示。当混合气稀时，废气中氧含量多，两侧氧浓度差小，产生的电压小；当混合气浓时，废气中氧含量少，CO、CH、NO_X 的含量较多，这些成分在锆管外表面的铂的催化作用下，与氧发生反应，消耗废气中残余的氧，使锆管外表面氧浓度变成零，这样使得锆管内外两侧的氧浓度差突然增大，两极间产生的电压也增大。

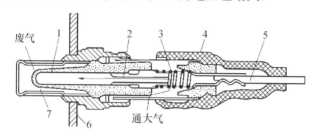

图 1-37　氧化锆式氧传感器结构

1—锆管；2—铂电极；3—压紧弹簧；4—电极座(绝缘)；5—导线；6—排气管壁；7—废通气罩

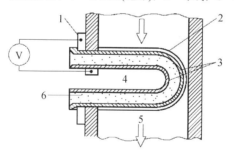

图 1-38　氧传感器工作原理

1—正极接触点；2—外电极保护层；3—多孔铂极；4 空气(接触内电极)；
5—废气(接触外电极)；6—氧化锆陶瓷体

锆管氧传感器产生的电压将在理论空燃比(A/F=14.7)时发生突变：混合气稀时，输出电压几乎为零；混合气浓时，输出电压接近 1V，氧传感器的电压输出特性如图 1-39 所示。实际上的空燃比反馈控制只能使混合气在理论空燃比附近一个狭小的范围内波动，使氧传感器的输出电压在 0.1～0.9V 之间不断变化(通常每 10s 内变化 8 次以上)。

由于氧化锆需在 400℃以上的温度时才能正常工作，为保证发动机排气管温度低时氧传感器也能工作，有的氧化锆式氧传感器中装有加热器，并且加热器也由 ECU 控制。氧化锆式氧传感器与 ECU 的连接如图 1-40 所示。

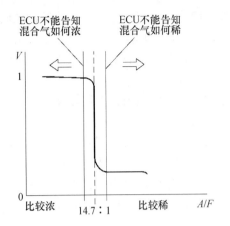

图 1-39 氧传感器输出特性

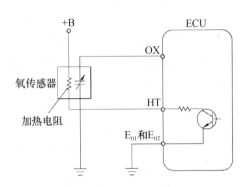

图 1-40 氧化锆式氧传感器与 ECU 的连接

2. 氧化钛式氧传感器

氧化钛式氧传感器是利用二氧化钛材料的电阻值随排气中氧含量的变化而变化的特性制成的。其外形与氧化锆式氧传感器相似,主要由二氧化钛元件、金属外壳、陶瓷绝缘材料和接线端子等组成,其结构如图 1-41 所示。

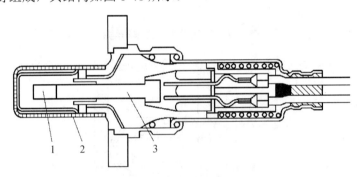

图 1-41 氧化钛式氧传感器结构

1—二氧化钛元件;2—金属外壳;3—陶瓷绝缘材料

在高温下,二氧化钛(TiO_2)具有高电阻性,周围气体氧含量少时,电阻随之下降。氧化钛式氧传感器与 ECU 的连接如图 1-42 所示。R_t 用作温度补偿,以消除温度变化对测量精度的影响,其温度系数与二氧化钛敏感元件相同。

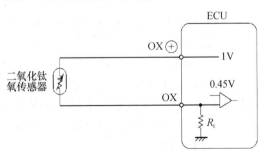

图 1-42 氧化钛式氧传感器与 ECU 的连接

当混合气偏稀时，尾气中氧的含量高，则氧化钛式氧传感器呈现高电阻的状态，此时1V 电源电压经氧传感器电阻降压，返回 ECU 的输出信号 OX 电压低于 0.45V；当混合气偏浓时，尾气中氧的含量低，则氧化钛式氧传感器因缺氧而形成低电阻的氧化半导体，此时 1V 电源电压经氧传感器电阻降压，返回 ECU 的 OX 信号电压高于 0.45V。

氧化钛式氧传感器的安装螺纹直径为 14mm，而氧化锆氧传感器的安装螺纹直径为 18mm，两者不能互换。

1.5.9 空燃比传感器

氧传感器产生的电压在理论空燃比(14.7:1)时，发生突变(见图 1-39)，一旦超出此范围，其反应性能降低，信号电压变化微弱。当发动机需要进行稀混合气或浓混合气控制时，这种传感器就无法胜任了。和氧传感器相同，空燃比(A/F)传感器也探测排气中的氧浓度，相比而言，空燃比传感器能检测的空燃比的范围大($0.7<\lambda<4$)，且空燃比探测精度高，所以被称为宽型或宽比氧传感器。用空燃比传感器参与闭环控制，喷油脉宽修正将更加精确。在采用双氧传感器的排放系统中，上游传感器采用空燃比传感器，下游氧传感器采用加热型的氧化锆式氧传感器。

1. 德国 Bosch 公司空燃比传感器

德国 Bosch 公司生产的空燃比传感器是 6 线平面型氧化锆式氧传感器，空燃比传感器内有两组传感元件，读取氧含量的方式与常规的氧化锆管一样。该种氧传感器选用层状陶瓷氧化锆，采用筛网印刷技术将电极、导电陶瓷层、绝缘介质和加热器等都集成在一起，厚度仅有 1.5mm，这样的传感器体积小、重量轻、不易被污染。

1) 空燃比传感器的工作原理

氧化锆式氧传感器有一特性，就是当氧离子移动时会产生电动势。空燃比传感器采用反向方法，ECU 将电压施加于氧化锆组件上，造成氧离子的移动，据此可由发动机电控单元控制所想要的比例值。该传感器利用限流原理和氧浓度差电池原理的结合，将传感器分成两部分：一部分传感器为泵电池，另一部分传感器为氧浓差电池，两部分传感器中间隔了一个扩散通道，如图 1-43 所示。

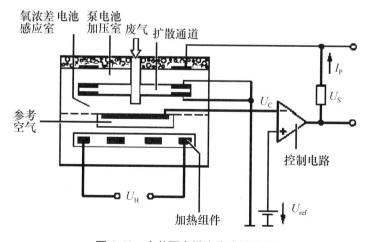

图 1-43 全范围空燃比传感器原理

感应室上面一侧的电极暴露在扩散通道的尾气中作为信号端，感应室下面一侧的电极暴露在参考空气中作为参考电极(搭铁)。在氧浓差效应作用下，参考信号电压 U_C 与传统氧传感器一样，会随废气中氧含量的变化而变化。ECU 通过改变泵送电流 I_P 大小及方向，使感应室的参考信号电压 U_C 输出保持在 0.45V 以上，从而得到泵送电流 I_P 与过量空气系数 λ 值相对应的关系曲线，如图 1-44 所示。

当混合气浓时，ECU 通过控制流向加压室上面一侧电极的电流 I_P，来限制加压室两侧电极的电压，改变氧离子的流向，从而调整扩散通道内的氧含量，使参考信号电压 U_C 维持在 0.45V 以上。当混合气变浓时，废气中氧的含量低，信号电压 U_C 上升，于是 ECU 降低泵送电流 I_P，体现在控制电压较低甚至为负电压值，以降低扩散通道内的含氧量，使之与废气的含氧量接近，信号电压降低，趋近于 0.45V。当混合气变稀时，则 ECU 提高

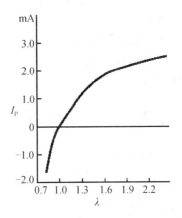

图 1-44 泵送电流 I_P 与过量空气系数 λ 的关系

泵送电流 I_P，体现在控制电压较高或为正电压值，以增加扩散通道内的含氧量，使之与废气的含氧量接近，信号电压上升，趋近于 0.45V。

和有些氧传感器相同，空燃比传感器上也配有加热器，在排气温度低时用来保持探测性能。但是，空燃比传感器的加速器比氧传感器的加热器需耗用大得多的电流，故其 10s 内即可进入正常工作温度范围内。

2) 空燃比传感器控制电压特征

与常规的氧传感器不同，当混合气浓时，空燃比传感器控制电压 U_s 小，当混合气稀时，空燃比传感器控制电压 U_s 大。ECU 送出的空燃比传感器控制电压 U_s 波形如图 1-45 所示。

2. 丰田公司空燃比传感器

目前，新型丰田汽车采用了能够精确测量实际空燃比数值的全范围空燃比传感器，它代替了传统的氧传感器。根据全范围空燃比传感器测量的实际空燃比数值，发动机电脑控制单元可及时将实际空燃比调整并控制在理论空燃比(14.7:1)上，而且调整速度极快，这大大降低

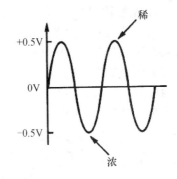

图 1-45 ECU 送出的空燃比传感器控制电压 U_s 波形图

了汽车在冷起动、加速或减速等工况下的废气排放，从而更进一步降低了丰田汽车的废气排放量。丰田 PREVIA 以及 RAV4 等车型均采用了这一系统，使尾气排放量达到了欧Ⅲ排放标准的要求。

1) 空燃比传感器结构及工作原理

全范围单腔限流平板型空燃比传感器结构如图 1-46 所示。传感器最基本的部分是夹在两个铂电极之间的氧化锆固态电解质。这个基本结构实质上同氧传感器一样，主要区别在氧传感器保护罩的部位，空燃比传感器传感元件多了一个特殊设计的限制空气扩散的扩散

阻力层。另外，空燃比传感器有一个封闭的空气腔。而传统氧传感器空气腔是直通外界大气的。

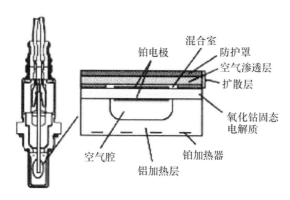

图 1-46　平板型空燃比传感器结构

图 1-47 是丰田全范围空燃比传感器的相关电路。全范围空燃比传感器是利用氧气泵原理工作的，发动机电脑通过其内部的一个稳压电路在全范围空燃比传感器空气腔侧铂电极上分别施加一个 3.3 伏特和一个 3.0 伏特的固定电压。当废气中氧气浓度变化时，全范围空燃比传感器从空气腔泵出或泵入氧气，从而产生一个大小、方向均改变的泵送电流，此泵送电流输入到发动机电脑内部的一个线性化检测电路中，对应出同废气中氧气含量对应的电压值。此电压值只在发动机电脑内部变化，用万用表或示波器无法测出。使用万用表或示波器只能在空燃比传感器的两条信号线上在线分别测量到 3.3 伏特和 3.0 伏特的固定电压，在空燃比传感器两条信号线之间也只能测到 0.3 伏特的固定不变电压。但传统氧传感器则能用万用表或示波器在氧传感器两条信号线之间测到 0～1 伏特之间变化的电压值。空燃比传感器输出信号电流在发动机电脑内部对应出同废气中氧气含量对应的电压值，此电压值只能用专用检测仪测出。

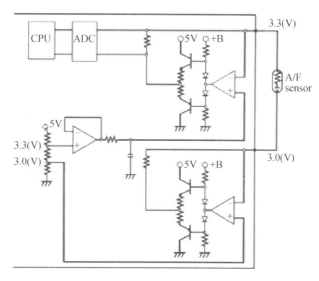

图 1-47　丰田全范围空燃比传感器相关电路

当实际空燃比数值等于理论空燃比时，尾气中的氧气和未燃烧气体碳氢化合物、一氧化碳也很少，全范围空燃比传感器空气腔侧铂电极同尾气侧铂电极之间的氧化锆固态电解质中没有氧离子流，故空燃比传感器在实际空燃比数值等于理论空燃比时不产生电流。因无电流输入，发动机电脑内检测电路对应出 3.3 伏特电压。当实际空燃比数值小于理论空燃比时，混合气浓，废气中氧气很少，但未燃烧干净的碳氢化合物和一氧化碳较多。在实际空燃比数值小于理论空燃比时，混合气浓时，空燃比传感器参考空气腔内的氧气被空气腔侧铂电极电离后生成氧离子，生成的氧离子流过空气腔侧铂电极和尾气侧铂电极之间的氧化锆固态电解质，到达尾气侧铂电极，同穿过空燃比传感器扩散阻力层到达空燃比传感器尾气侧铂电极的未燃烧完全的碳氢化合物和一氧化碳发生化学反应，失去电子，产生方向为负的电流。此方向为负电流输入发动机电脑后，发动机电脑内部的检测电路对应小于 3.3 伏特电压。

实际空燃比数值大于理论空燃比时，混合气稀时，废气中氧气较多，废气中的氧气穿过扩散阻力层到达尾气侧铂电极被电离成氧离子，氧离子流过尾气侧铂电极和空气腔侧铂电极之间的氧化锆固态电解质，到达空气腔侧铂电极失去电子，产生方向为正的电流。此方向为正电流输入到发动机电脑内部的检测电路后，对应出大于 3.3 伏特的电压。实际空燃比数值越小、混合气越稀，对应的空燃比传感器电压值越高。实际空燃比数值越小、混合气越浓，对应出空燃比传感器的电压值越低。

2）空燃比传感器输出特性

图 1-48 是全范围平板型空燃比传感器的输出特性。从图 1-48(a)中可以看出，在实际空燃比等于理论空燃比(14.7:1)时，空燃比传感器的输出电流为零。实际空燃比数值小、混合气浓时，空燃比传感器输出电流为负。当实际空燃比数值大、混合气稀时，空燃比传感器输出电流为正。从图 1-48(b)可以看出空燃比传感器的空燃比检测范围极宽，从 23:1 极稀混合气到 11:1 极浓混合气范围内都可能检测到，而且空燃比传感器输出限制电流同实际空燃比的大小基本上成正比对应，对应关系的线性也比较好，几乎趋近为一条直线。

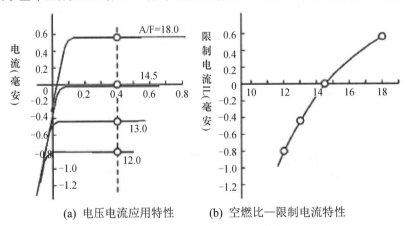

图 1-48 全范围平板型空燃比传感器的输出特性

1.5.10 车速传感器

车速传感器检测汽车行驶速度，给 ECU 提供车速电信号，用于控制发动机怠速转速、汽车加减速期间的汽油喷射和点火控制、巡航控制及限速断油控制。车速传感器有电磁感应式、霍尔效应式、光电式、舌簧开关式等。电磁感应式、霍尔效应式、光电式车速传感器的基本组成及工作原理与同类型的曲轴位置传感器相同,只是信号触发转子的驱动源不同。这里主要介绍舌簧开关式车速传感器。

舌簧开关式车速传感器一般装在里程表内,由磁铁、舌簧开关等组成,其结构如图1-49所示。舌簧开关是在小玻璃管内装有两个细长的触头,触头由强磁性材料制成,受玻璃管外磁极的控制。相间布置有4个磁极的磁铁转子可以在软轴驱动下转动。当磁铁转子转动时,磁铁对舌簧开关臂的磁化周期性变化,使舌簧开关周期性地开闭。转子每转一周,舌簧开关开闭4次,通过测量电路输出4个脉冲信号,ECU根据此脉冲信号的频率即可计算得到车速参数。

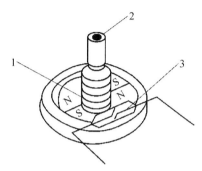

图1-49 舌簧开关式车速传感器

1—磁铁转子;2—接转速表;3—舌簧开关

1.5.11 开关信号

在发动机控制系统中,ECU还必须根据一些开关信号确定发动机或其他系统的工作状态。常用的开关信号有:起动开关(STA)、空调开关(A/C)、空挡起动位开关(NSW)、制动灯开关、动力转向开关(PS)、巡航控制开关等。

1) 起动开关(STA)信号

用于判断发动机是否处于起动状态,确认发动机处于起动状态时,将加大喷油量。起动开关信号电路如图1-50所示。ECU与起动开关接线端和起动机的起动开关连在一起,当起动开关接通也同时向ECU提供起动开关信号。

2) 空调开关(A/C)信号

空调开关信号用于检测空调压缩机是否在工作,ECU的空调开关信号输入端与空调压缩机电磁离合器的电源接在一起,ECU可根据空调开关信号控制发动机的怠速转速和怠速时的点火提前角。

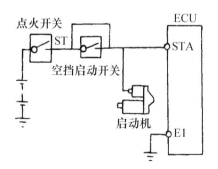

图1-50 起动开关信号电路图

3) 空挡起动位开关(NSW)信号

在装有电控自动变速器的汽车中,ECU根据空挡起动位开关信号可判断自动变速器是处于P或N(停车或空挡),还是处于行驶状态。NSW信号主要用于起动和怠速系统的控制,空挡起动位开关信号电路如图 1-51 所示。

4) 制动开关信号

汽车制动时向 ECU 输出制动信号。ECU 根据输入制动开关信号修正喷油量及点火提前角。

5) 动力转向开关信号

装置动力转向的汽车,当汽车在行驶中由中间向左右方向转动时,动力转向油泵工作,ECU 接到动力开关信号及时修正喷油量和点火提前角。

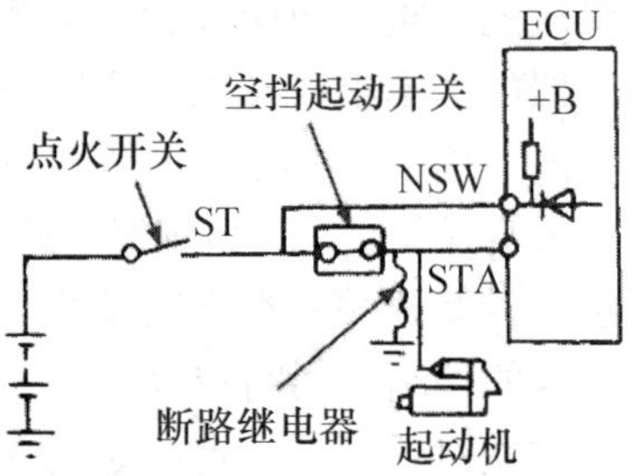

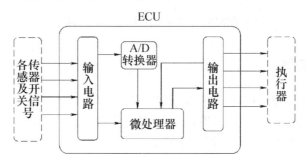

图 1-51 空挡起动位开关信号电路图

6) 巡航开关信号

当汽车在巡航控制状态行驶时,巡航开关向 ECU 输出信号,由 ECU 自动控制车速。

1.6 电子控制单元

电子控制单元的功能是采集和处理各种传感器的输入信号,根据发动机工作的要求(喷油脉宽、点火提前角等),进行控制决策的运算,并输出相应的控制信号,控制执行器工作。当前电控发动机中除了控制喷油外,还控制点火、EGR、怠速等,由于共用一个 ECU 对发动机进行综合控制,所以也被称为发动机管理系统。ECU 主要由输入电路、A/D 转换器、微处理器和输出电路组成,如图 1-52 所示。

图 1-52 电子控制单元(ECU)的组成

1. 输入电路

从传感器来的信号,首先进入输入电路。输入电路会对输入信号进行预处理,一般是去除杂波和把正弦波变为矩形波后,再转换成电压信号。另外,输入电路还向传感器提供稳定的电源,确保各传感器正常工作。输入电路的作用如图 1-53 所示。

2. A/D 转换器(模拟/数字转换器)

从传感器送出的信号有相当一部分是模拟信号,经输入电路处理后,虽已变成相应的电压信号,但这些信号还不能被微处理器直接处理,需经过相应的

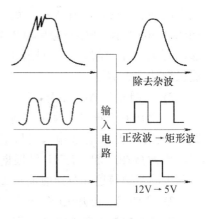

图 1-53 输入电路的作用

A/D 转换器，将模拟信号转换成数字信号后再输入微处理器。

3. 微处理器

微处理器是发动机电子控制的中心，它能根据需要把各种传感器送来的信号，用内存程序和数据进行运算处理，并把处理结果送往输出电路。微处理器主要由中央处理器(CPU)、存储器、输入/输出接口(I/O)等组成，如图1-54所示。

1) 中央处理器(CPU)

CPU 主要由运算器、寄存器、控制器组成，如图 1-55 所示。CPU 的工作是在时钟脉冲发生器对的操作下进行的，当微机通电后，时钟脉冲发生器立即产生一连串具有一定频率和脉宽的电压脉冲，使计算机全部工作同步，保证同一时间内完成一定的操作，达到控制系统各部分协调工作的目的。

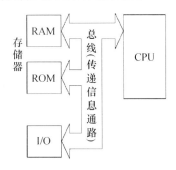
图 1-54　微处理器的组成

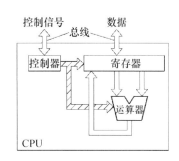
图 1-55　CPU 的组成

2) 存储器

存储器的主要功能是存储信息，其一般分为以下两种。

RAM(随机存储器)主要用来存储计算机操作时的可变数据，如用来存储计算机的输入、输出数据和计算机产生的中间数据等。当电源切断时，所存入 RAM 的数据均完全消失，所以一般 RAM 都通过专用电源后备电路与蓄电池直接连接。但拔掉蓄电池缆线时，数据仍会消失。

ROM(只读存储器)是只能读出的存储器，用来存储固定数据，即存放各种永久性的程序和数据，如喷油特性脉谱、点火控制特性脉谱等。这些资料一般都是在制造时厂家一次存入的，新的数据不能存入，电源切断时 ROM 中的信息不会消失。

ROM 存储的大量程序和数据，是计算机进行操作和控制的重要依据，它们都是通过大量实验获得的，存入 ROM 中数据的精确性(如各种工况和各种因素影响下发动机的喷油控制数据、点火控制数据)，是满足微机控制发动机动力性、经济性和排放等的最重要保证。

近年来在汽车电子控制系统中使用了一些新型的只读存储器。

① 可编程 ROM (PROM)：将设计的程序固化进去，ROM 内容不可更改。

② 可擦除、可编程 ROM (EPROM)：可编程固化程序，且在程序固化后可通过紫外线光照擦除，以便重新固化新数据。

③ 电可擦除可编程 ROM (EEPROM)：可编程固化程序，并可利用电压来擦除芯片内容，以便重新固化新数据。

3) 输入/输出接口(I/O)

I/O 是 CPU 与输入装置(传感器)、输出装置(执行器)间进行信息交流的控制电路。根据

CPU 的命令，输入信号以所需要的频率通过 I/O 接口接收，输出信号则按发出控制信号的形式和要求通过 I/O 接口，以最佳的速度送出。输入、输出装置一般都通过 I/O 接口才能与微处理器连接。它具有数据缓冲、电压信号匹配、时序匹配等多种功能。

4. 输出电路

输出电路是微处理器与执行器之间建立联系的一部分装置，它将微处理器发出的指令转变成控制信号来驱动执行器工作。由于微处理器输出的电信号较弱，不能直接控制执行器。因此，输出电路中大多采用由大功率三极管组成的输出驱动器，由计算机输出信号控制三极管的导通与截止，从而控制执行器的搭铁回路。因此，输出电路一般起着控制信号的生成和放大等作用。

输出电路驱动执行器的方式大致有两种：一种是向执行器提供搭铁通路，由执行器直接连接电源，如图 1-56(a)所示；另一种是向执行器提供电压脉冲，由执行器本身搭铁，如图 1-56(b)所示。

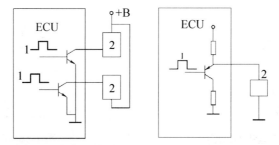

(a) 向执行器提供搭铁通路　　(b) 向执行器提供电压脉冲

图 1-56　控制器的输出电路图

1—控制脉冲；2—执行器

1.7　执　行　器

执行器的作用是严格按照 ECU 输出的控制指令完成具体的操作动作，经控制参量迅速调整到设定的值，使控制对象在设定的状态下工作。汽车电子控制系统执行器按照执行机构动作所用的驱动装置结构原理的不同，主要分为电动机类和电磁阀类两种。

具体的执行器主要有喷油器、点火器、怠速控制阀、巡航控制电磁阀、节气门控制电动机、EGR 阀、进气控制阀、二次空气喷射阀、活性炭罐排泄电磁阀、油泵继电器、风扇继电器、空调压缩机继电器、自诊断显示与报警装置、仪表显示器等。

思　考　题

1. 汽车电子控制系统的基本组成及各部分的作用是什么？
2. 叶片式空气流量计的基本组成是什么？它是如何检测空气流量的？
3. 卡门旋涡式空气流量计的测量原理是什么？

4. 热式空气流量计的工作原理是什么？有哪两种类型？

5. 节气门位置传感器有哪些类型？线性可变电阻式节气门位置传感器的工作原理是什么？

6. 热敏电阻式温度传感器的测量原理是什么？

7. 发动机转速与曲轴位置传感器有哪些类型？各种类型的发动机转速与曲轴位置传感器是如何工作的？

8. 氧传感器的作用是什么？氧化锆式氧传感器和氧化钛式氧传感器的工作原理是什么？

9. 请分析空燃比传感器的工作原理。

第2章

汽油机电子燃油喷射系统

【知识目标】

了解汽油机电子燃油喷射系统的优点,熟悉汽油机电子燃油喷射系统的基本类型及主要组成;掌握电子燃油喷射系统的组成;理解喷油时序控制、喷油量控制理论;掌握电子燃油喷射系统的检测方法。

【技能目标】

能对典型车系的燃油泵及控制电路进行检测;能对喷油器及控制电路进行检测;能对燃油系统油压进行检测。

2.1 概 述

目前,大多数汽油发动机都采用电子燃油喷射系统(Electronic Fuel Injection,EFI)。电子燃油喷射系统的基本作用是按照汽油发动机各种工况的要求控制喷油量,与进入的空气混合形成适当浓度的可燃混合气,以实现空燃比的最佳控制。

2.1.1 汽油机电子燃油喷射系统的优点

汽油机电子燃油喷射系统最突出的优势是能实现空燃比的精确控制,使发动机的综合性能得以提高。与传统的化油器发动机相比,汽油机电子燃油喷射系统具有以下优点。

(1) 进气阻力小,提高了发动机的充气系数。汽油喷射系统没有喉管,减少了进气阻力,提高了发动机的充气效率,从而提高了发动机的动力性。

(2) 汽油雾化性能良好,使油气混合更均匀。由于增大了燃油的喷射压力,喷射的汽油颗粒小,雾化良好,有助于各缸形成均匀的混合气,使各缸均可良好的燃烧,降低油耗和排气污染。此外,还能使发动机冷机起动较为容易,提高暖机性能。

(3) 空燃比控制精度高。能根据发动机负荷的变化,精确控制混合气的空燃比,在发动机不同工况下,还能对喷油量进行修正,可使发动机始终处在最佳空燃比状态下工作。

(4) 可实现汽车减速断油控制,既能降低排放量,也能节省燃油。

(5) 电子燃油喷射系统配用排放控制系统后,大大降低了 HC、CO 和 NO_x 等有害气体的排放。

2.1.2 汽油机电子燃油喷射系统的基本类型

1. 按电子燃油喷射方式分类

按喷射方式来分,电子燃油喷射系统可以分为缸内喷射和进气管喷射两大类。

1) 缸内喷射

该喷射方式是将喷油器安装在缸盖上直接向缸内喷油,如图 2-1(a)所示。因此,要求喷油器阀体能承受燃气产生的高温高压。另外,发动机设计时需保留喷油器的安装位置。缸内喷射是近几年来燃油喷射技术的发展趋势之一。

2) 进气管喷射

该喷射方式是目前普遍采用的喷射方式。根据喷油器和安装位置的不同又可分为以下两种。

① 单点喷射方式:单点喷射系统(Single Point Injection,SPI)是在节气门上方有一个中央喷射装置,将燃油喷入进气流,形成混合气进入进气歧管,再分配到各缸中,如图 2-1(b)所示。因此,单点喷射又称为节气门体喷射(TBI)或中央喷射(CFI)。

② 多点喷射方式:多点喷射系统(Multi Point Injection,MPI)是在各缸进气口处装有一个喷油器,由电子控制单元控制进行分缸单独喷射或分组喷射,汽油直接喷射到各缸的进气门前方,再与空气一起进入气缸形成混合气,如图 2-1(c)所示。多点喷射又称为多气门

喷射(MPI)、顺序燃油喷射(SFI)或单独燃油喷射(IFI)。多点喷射系统是直接向进气门前方喷射，是目前最普遍的喷射系统。

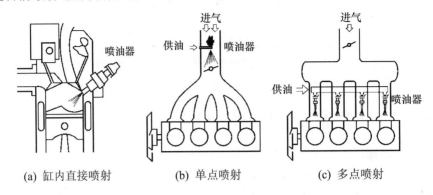

图 2-1　汽油机电子燃油喷射系统的基本类型和特点

2. 按空气量的检测方式分类

按空气量的检测方式来分，电子燃油喷射系统可以分为 D 型电子燃油喷射系统(间接式检测方式)和 L 型电子燃油喷射系统(直接式检测方式)两大类。

(1) D 型电子燃油喷射系统(间接式检测方式)：D 是德语"Druck(压力)"的第一个字母。D 型电子燃油喷射系统利用绝对压力传感器检测进气管内的绝对压力，电子控制单元根据进气管内的绝对压力和发动机转速推算出发动机的进气量，再根据进气量和发动机转速确定基本喷油量。D 型电子燃油喷射系统也称为速度密度式(Speed—Density)燃油喷射系统。D 型电子燃油喷射系统如图 2-2 所示。

(2) L 型电子燃油喷射系统(直接式检测方式)：L 是德语"Luftmengen(空气流量)"的第一个字母。L 型电子燃油喷射系统也称为质量流量式(Mass—Flow)燃油喷射系统，它利用空气流量计直接测量发动机的进气量，电子控制单元根据发动机转速信号和空气流量信号确定基本喷油量。由于消除了推算进气量的误差影响，其测量的准确程度高于 D 型，故对混合气浓度的控制更精确。L 型电子燃油喷射系统如图 2-3 所示。

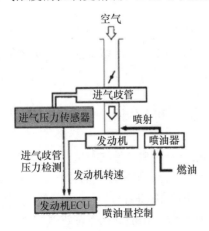
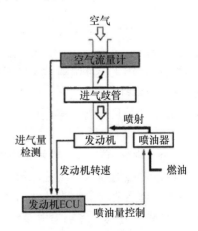

图 2-2　D 型电子燃油喷射系统图　　　　图 2-3　L 型电子燃油喷射系统图

3. 按有无反馈信号分类

按有无反馈信号来分，电子燃油喷射系统可分为开环控制系统和闭环控制系统。

(1) 开环控制系统(无氧传感器)：是将通过实验确定的发动机各工况的最佳供油参数预先存入电子控制单元，在发动机工作时，电子控制单元根据系统中各传感器的输入信号判断自身所处的运行工况，并计算出最佳喷油量，通过对喷油器喷射时间的控制，来控制混合气的浓度，使发动机优化运行。

(2) 闭环控制系统(有氧传感器)：在该系统中，发动机排气管上加装了氧传感器，根据排气中含氧量的变化，判断实际进入气缸的混合气空燃比，再通过 ECU 与设定的目标空燃比值进行比较，并根据误差修正喷油器喷油量，使空燃比保持在设定的目标值附近。

汽油机电子燃油喷射系统的类型和特点见表 2-1。

表 2-1 汽油机电子燃油喷射系统的类型和特点

基本类型		结构特点	混合气形成过程
间接喷射	多点喷射系统 L 型、LH 型	通过空气流量传感器和发动机转速传感器确定基本喷油脉宽；每个进气歧管各安装一个喷油器；喷油压力约 0.25MPa	喷油器将定量的燃油向各缸进气歧管喷射，与空气混合为可燃混合气吸入气缸内
	多点喷射系统 D 型	通过进气压力传感器和发动机转速传感器确定基本喷油脉宽；每个进气歧管各安装一个喷油器；喷油压力约 0.25MPa	同上
	单点喷射系统	通过空气流量传感器(或进气压力传感器或节气门位置传感器)和发动机转速传感器确定基本喷油脉宽；在节气门上方安装一个喷油器；喷油压力约 0.10MPa	喷油器将定量的燃油喷射在节气门上方，与空气混合为混合气吸入发动机气缸内
直接喷射		通过空气流量传感器(或进气压力传感器)和发动机转速传感器确定基本喷油脉宽；在各缸燃烧室安装一个喷油器；喷油压力约 12.0MPa	喷油器将定量的燃油喷射到燃烧室内，与空气混合为可燃混合气

2.2 电子燃油喷射系统的组成

电子燃油喷射系统由燃油供给系统、空气供给系统、电子控制系统等几个子系统组成，如图 2-4 所示。发动机工作时，电子控制系统根据传感器检测的空气流量信号以及各种工况参数的信号，计算出发动机燃烧时所需要的汽油量，并向喷油器提供喷油脉冲信号，然后将加有一定压力的汽油通过喷油器供给发动机各个气缸。

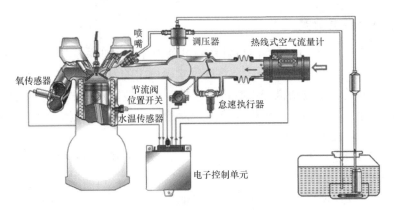

图 2-4 电子燃油喷射系统的组成

2.2.1 汽油供给系统

1) 系统组成和工作过程

供油系统的组成与布置如图 2-5 所示。其工作过程是：电动燃油泵将燃油从燃油箱中泵出，经燃油滤清器滤清后进入燃油管，经燃油压力调节器调节燃油压力，使燃油压力与进气压力之差保持恒定。燃油管将燃油输送给冷起动阀和各喷油器，喷油器根据电子控制单元输出的喷油信号，定时定量地将燃油喷射到进气歧管内。

L 型电子燃油喷射系统的电动燃油泵安装在油箱外部。LH 型供油系统采用燃油箱内装式燃油泵，以简化系统布置，提高系统可靠性。LH 型供油系统取消了冷起动喷油器，冷车起动时通过电子控制单元控制各缸喷油器以增加喷油量。

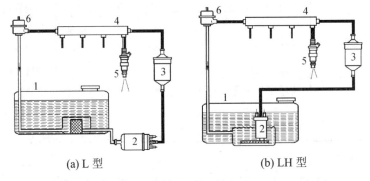

(a) L 型　　　　　　　　(b) LH 型

2-5 供油系统的组成与布置

1—燃油箱；2—电动燃油泵；3—燃油滤清器；4—燃油油轨；5—喷油器；6—燃油压力调节器

2) 电动燃油泵

电动燃油泵的作用是向燃油系统输送一定压力的燃油。电动燃油泵有内装式和外装式两种，内装式电动燃油泵安装在油箱内，所以噪声小，不易产生气阻。目前，轿车上基本都采用内装式燃油泵。

按照泵油原理的不同，燃油泵可分为滚柱泵、涡轮泵、内齿轮泵和侧槽泵四种。滚柱式燃油泵的工作原理如图 2-6 所示，油泵转子在电动机的驱动下，进油口一侧容积由小变大，将燃油从进油口吸入；出油口一侧容积由大变小，将燃油加压后从出油口泵出，给燃油系统供油。

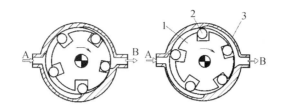

图2-6 滚柱式油泵工作原理

1—转子；2—滚柱；3—泵体；A—进油口；B—出油口

　　滚柱式燃油泵在外装式和内装式中都有采用，但滚柱式燃油泵泵油时油压脉动大，必须安装油压脉动阻尼器，外装式近年来已很少采用。目前，轿车广泛采用内装式涡轮泵。

　　涡轮式电动燃油泵主要由永磁直流电动机、涡轮泵、卸压阀、单向出油阀等组成，其结构如图2-7所示。电动机转子与油泵转子同轴，由壳体封闭为一体，内部充满燃油。电动燃油泵工作时，永磁电动机驱动油泵转子一起旋转，将燃油加压后从出油口泵出。燃油流经电动机时对电动机进行冷却，在使用时，不要等油箱中的燃油全部耗尽后再加油，以免烧坏油泵。

　　涡轮泵主要由叶轮、叶片、泵壳体和泵盖组成，叶轮安装在燃油泵电动机的转子轴上。油泵电动机通电时，叶轮与电动机电枢一起转动，由于叶轮(转子)的外圆有很多齿槽，在其前后利用摩擦而产生压力差，重复运转则泵内产生涡流而使压力上升，由泵室输出。这种泵由于使用薄型叶轮，所需转矩较小，可靠性高。此外由于不需消声器，故可小型化，因此涡轮式电动燃油泵被广泛用于多种车型上。

　　为了防止管路堵塞时造成油压过高，燃油泵设有卸压阀。当油泵出口压力达到0.35~0.5MPa时，卸压阀打开，泄出的燃油返回油箱。出油口一端设有单向阀，防止发动机熄火后供油管路中燃油倒流，以维持一定的残余油压，便于下次起动发动机。

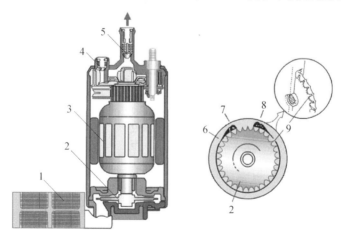

图2-7 涡轮式电动燃油泵结构

1—滤网；2—叶轮；3—电动机；4—卸压阀；5—单向出油阀；6—泵壳体；
7—出油口；8—进油口；9—叶片

3) 燃油滤清器

燃油滤清器的作用是滤除汽油中的各种杂质，防止燃油系统阻塞，减少机械磨损，以保证发动机正常工作。滤清器壳体内有一个纸质滤芯，滤芯的孔径平均为 10μm，后面串接一个纤维制成的过滤网，以提高滤清效果。电控燃油喷射发动机的燃油滤清器滤芯不能单独更换，一般汽车每行驶 20 000~40 000km 或两年可进行整体更换。更换燃油滤清器时，应首先释放燃油压力，并注意燃油滤清器壳体上的箭头标记为燃油流动方向。

4) 喷油器

喷油器接受 ECU 送来的喷油脉冲信号，精确地控制燃油喷射量。喷油器是一种加工精度非常高的精密器件，要求其动态流量范围大，抗堵塞和抗污染能力强以及雾化性能好。电控燃油喷射采用电磁式喷油器，大多数电控燃油喷射发动机的喷油器是通过绝缘垫圈安装在进气歧管或进气道处的气缸盖上并由供油总管将其固定，如图 2-8 所示。

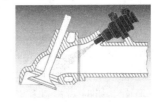

图 2-8 喷油器安装位置

喷油器主要由滤网、电插头、电磁线圈、回位弹簧、衔铁、针阀壳体轴针组成，如图 2-9 所示。喷油器内装有电磁线圈，喷油器头部的针阀与衔铁制成一体。当电磁线圈不通电时，针阀在回位弹簧的作用下将喷油孔封住。当发动机电子控制单元接通喷油器电路时，电磁线圈通电，产生的电磁力将衔铁和针阀吸起，使燃油从针阀头部的环形间隙喷出，一般针阀的升程约 0.1mm。当电磁线圈断电时，在回位弹簧的作用下，针阀立即将阀口关闭，喷油器停止喷油。ECU 每次控制喷油器电磁线圈通电的时间被称为喷油脉宽，一般为 2~10ms，喷油器的喷油量取决于针阀开启时间，开启时间越长，喷油量越多。

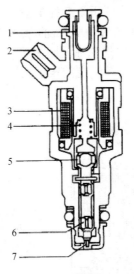

图 2-9 喷油器

1—滤网；2—电插头；3—电磁线圈；4—回位弹簧；5—衔铁；6—针阀壳体；7—轴针

喷油器的驱动方式分为电流驱动与电压驱动两种方式。电流驱动只适用于低阻喷油器，电压驱动既可用于低阻喷油器，又可用于高阻喷油器，如图 2-10 所示。低阻喷油器是指电磁线圈电阻值为 1~3Ω 的喷油器。高阻喷油器是指电磁线圈电阻值为 12~17Ω 的喷油器。

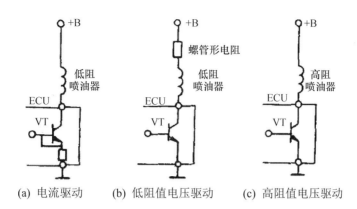

图 2-10 喷油器的驱动方式

(1) 电流驱动：在电流驱动回路中无附加电阻，低阻喷油器直接与蓄电池连接，通过 ECU 中的晶体管对流过喷油器电磁线圈的电流进行控制。由于无附加电阻，回路阻抗小，开始导通时，大电流使针阀迅速打开，喷油器有良好的响应性。针阀打开后，需要的保持电流较小，可以防止喷油器线圈发热，减少功率消耗。

(2) 电压驱动：在电压驱动回路中使用低阻喷油器时，必须在回路中加入附加电阻。为使喷油器响应性好，在低阻喷油器中减少了电磁线圈匝数以减小电感，在回路中加入附加电阻，可以防止匝数减少后线圈中电流加大，使线圈发热而造成损坏。

电压驱动方式较电流驱动的构成回路简单，但加入附加电阻使回路阻抗加大，导致流过线圈的电流减少，喷油器上产生的电磁力降低，针阀开启迟滞时间长。一般来说，电流驱动喷油器的迟滞时间(无效喷射)最短，其次为电压驱动低阻值型，电压驱动高阻值型最长。

在电压驱动方式的喷油器驱动电路中，由蓄电池直接供电，ECU 控制喷油器的搭铁回路，其驱动电路如图 2-11 所示。当 ECU 中的喷油器驱动电路 IC 使功率三极管导通，喷油器接地电路导通，喷油器电磁线圈内的电磁场发生突变，这个突变使线圈产生感应电动势，喷油器波形出现尖峰。

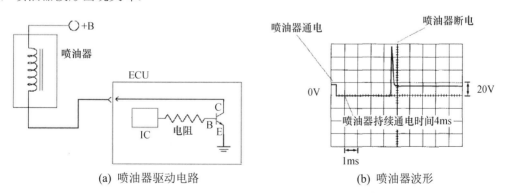

图 2-11 电压驱动方式下的喷油器驱动电路及波形

5) 燃油压力调节器

燃油压力调节器的作用是调节供油总管的燃油压力，使供油总管的燃油压力与进气歧管的压力之差保持不变，这样喷油器的喷油量不受进气压力的影响，而由喷油器的开启时间决定，其结构如图 2-12(a)所示，由金属壳体组成的内腔被膜片分成两室，膜片的一侧为预压缩的弹簧，在弹簧室内有一真空管与节气门后方的进气压力相通；膜片的另一侧为一定压力的燃油。当燃油压力超过预调压力时，油压克服弹簧压力使膜片向下移动，由膜片控制的阀门将回油孔开启，多余的燃油流回油箱，使燃油压力下降。燃油供给系统的压力随进气歧管压力的变化而变化，但燃油供给系统的压力与进气压力之差是恒定的，该数值约为 0.25MPa，如图 2-12(b)所示。燃油压力与进气歧管压力之差由油压调节器中的弹簧弹力限定，调节弹簧预紧力即可改变两者的压力差，也即改变喷油压力。

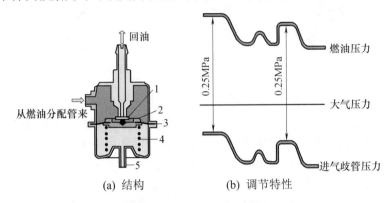

图 2-12 燃油压力调节器

1—阀门；2—阀座；3—膜片；4—弹簧；5—接进气歧管

2.2.2 空气供给系统

空气供给系统一般由空气滤清器、节气门体、节气门、怠速空气阀、进气总管、进气歧管等部分组成。另外，为了随时调节进气量，进气系统中还设置了进气量的检测装置。空气供给系统的组成如图 2-13 所示。在 L 型 EFI 系统中，采用装在空气滤清器后的空气流量计直接测量发动机吸入的进气量，再通过节气门进入各缸进气歧管。节气门由驾驶员通过加速踏板操纵，控制进气量的大小。在节气门旁通道上装有怠速空气阀，以控制怠速进气量的大小，从而实现怠速控制。L 型 EFI 系统的测量准确度高于 D 型 EFI 系统，可以精确地控制空燃比。

节气门总成包括控制进气量的节气门通道和怠速运行的空气旁通道。节气门位置传感器与节气门轴相连接，用来检测节气门的开度。

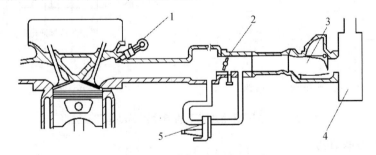

图 2-13 空气供给系统的组成

1—喷油器；2—节气门；3—空气流量计；4—空气滤清器；5—怠速空气阀

2.2.3 电子控制系统

电子控制系统由检测发动机工况的各传感器、电子控制单元(ECU)和执行器三部分组成，如图 2-14 所示。传感器是感知信息的部件，功能是向 ECU 提供汽车的运行状况和发动机工况。ECU 接收来自传感器的信息，经信息处理后发出相应地控制指令给执行器。执行器即执行元件，其功用是执行 ECU 专项指令而完成控制目的。

在发动机正常工作时，各传感器不断地检测发动机的转速、空气流量、冷却液温度、进气温度、排气中氧的含量等信号，经输入接口电路输送给 ECU。ECU 首先根据发动机转速和空气流量信号与存储器中的程序和数据进行对比，计算出相应工况下的基本喷油量，再转换为基本喷油脉宽，再根据节气门位置、冷却液温度、进气温度等传感器提供的信号加以修正，得到发动机在这一工况下各缸的最佳喷油量，并将计算结果转换为控制信号，向各缸喷油器输出喷油脉冲信号，实现发动机空燃比精确控制。这一切都是在极短的时间内(不大于 10ms)完成的，在发动机工作期间周而复始地进行着。

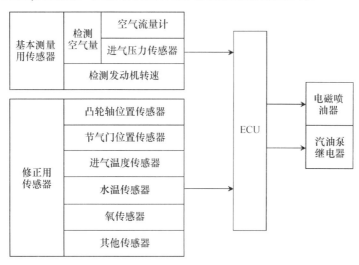

图 2-14　电子控制系统的组成

2.3　电子燃油喷射系统的控制

2.3.1　喷油时序的控制

对于多点间歇喷射发动机，按照喷油时刻可分为异步喷射和同步喷射两种。在起动、加速等过渡工况，喷油系统以异步方式喷射，为临时性喷射。同步喷射是指与发动机旋转同步，在既定的曲轴转角位置进行喷射。发动机在稳定工况下的大部分运转时间，喷油系统是以同步喷射方式工作的。同步喷射分为同时喷射、分组喷射、顺序喷射三种喷油时序控制。

1. 同时喷射

多缸发动机的所有喷油器共用一个驱动器，由 ECU 控制同时喷油和停油。四缸发动机同时喷射的控制电路如图 2-15 所示，各缸的喷油器并联连接。ECU 根据曲轴位置传感器送入的基准信号，控制功率三极管 VT 的导通和截止。当功率三极管 VT 导通时，各缸的喷油器同时喷油；当功率三极管 VT 截止时，各缸的喷油器同时停止喷油。

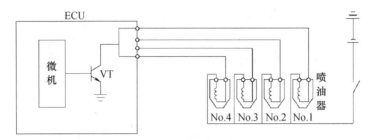

图 2-15　四缸发动机同时喷射控制电路

四行程发动机曲轴每旋转一周(360°)，各缸同时喷油一次，发动机于一个工作循环内(720°)喷油两次，两次喷射的燃油，在进气门打开时一起进入气缸，图 2-16 所示为某四缸发动机同时喷射正时图。这种早期应用的同时喷射的缺点是各缸的喷油时刻不是很准确，因此，各缸混合气的形成也不是很均匀，因而影响发动机的动力性和经济性。但它的优点是电路简单，不需要判缸信号。

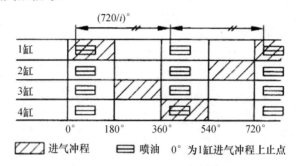

图 2-16　四缸发动机同时喷射正时图

2. 分组喷射

分组喷射一般是将所有气缸的喷油器分成 2~4 组，每组有 2~3 个喷油器同时喷射。四缸发动机一般把喷油器分成两组，每一组的喷油器并联工作。ECU 分组控制喷油器，两组喷油器轮流交替喷射，四缸发动机分组喷射控制电路如图 2-17 所示。其喷油正时由 ECU 根据凸轮轴位置传感器信号或点火信号决定。

四行程发动机在一个工作循环内(720°)，ECU 中的三极管各导通一次，使两组喷射器各喷油一次。即发动机每转一周，有一组喷油器喷油一次。如图 2-18 为某四缸发动机分组喷射正时图。这种分组喷射比同时喷射在喷油准时和各缸的燃料分配等性能上有所提高。

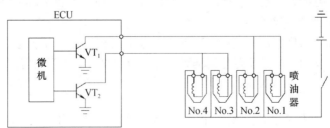

图 2-17　四缸发动机分组喷射控制电路

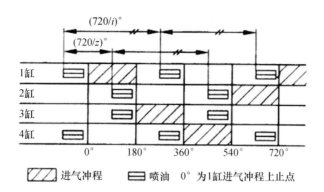

图 2-18　四缸发动机分组喷射正时图

3. 顺序喷射

顺序喷射是指 ECU 分别独立控制各缸喷油器的喷油时间和喷油量。四缸发动机顺序喷射的控制电路如图 2-19 所示。喷油器驱动回路数与气缸数目相等。

发动机 ECU 分别控制各缸的喷油器工作，并按各缸的点火顺序进行喷油。四行程发动机工作循环中有两个活塞同时到达上止点的位置，喷油应在排气行程气缸活塞的上止点前进行。因此，喷油前首先要解决喷油缸序和喷油正时两个问题。ECU 根据凸轮轴位置传感器(G 信号)、曲轴位置传感器(Ne 信号)和发动机的做功顺序，确定各气缸工作位置。当确定各缸活塞运行至排气行程上止点某一位置时，ECU 输出喷油控制信号，控制三极管导通，接通喷油器电磁线圈电路，该缸开始喷油。

发动机在一个工作循环内(720°)，ECU 控制各缸喷油器，按照工作顺序各喷油一次。图 2-20 为某四缸发动机顺序喷射正时图。这种多点喷射中的顺序喷射比同时喷射和分组喷射效果都好。各缸的燃料分配均匀，喷油时间准确，能提高发动机的动力性和经济性，同时还能减少发动机有害物的排放。缺点是它的控制电路较为复杂，需要判缸和正时两个信号，缺少这两个信号发动机将不可起动。然而，对现代电控技术来讲，这已不算问题，所以，顺序喷射在电喷发动机中得到了广泛应用。

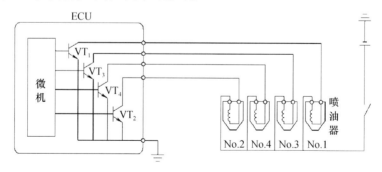

图 2-19　四缸发动机顺序喷射控制电路

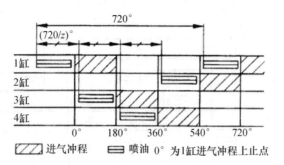

图 2-20　四缸发动机顺序喷射正时图

2.3.2　喷油量的控制

喷油量控制是电子燃油喷射系统最主要的控制功能之一，其目的是使发动机在各种运行工况下，都能获得最佳的喷油量，以提高发动机的经济性和降低排放污染。喷油量控制是通过控制喷油器电磁阀的通电持续时间来实现的。

喷油量控制可分为同步喷油量控制和异步喷油量控制。同步喷油量控制又分为发动机起动时的喷油量控制和发动机起动后的喷油量控制。

1. 发动机起动时的同步喷油量控制

在发动机起动时，由于转速波动大，气流不稳定，所以无论是 D 型电子燃油喷射系统中的绝对压力传感器，还是 L 型电子燃油喷射系统中的空气流量计，都不能精确地确定进气量，也就无法确定合适的基本喷油时间(喷油脉宽)，所以，发动机起动时的同步喷油量控制与起动后的控制不同。发动机起动时，ECU 根据冷却液温度信号，由内存的水温—喷油时间确定基本喷油时间 T_p，如图 2-21 所示。然后再根据进气温度和蓄电池电压进行修正，得到起动时的喷油持续时间，如图 2-22 所示。

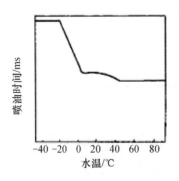

图 2-21　水温—喷油时间图

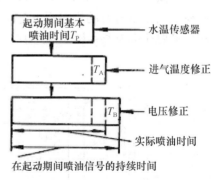

图 2-22　起动时喷油时间的确定

由于喷油器的实际打开时刻较 ECU 控制其打开时刻存在一段滞后时间，造成喷油量不足，如图 2-23 所示，且蓄电池电压越低，滞后时间越长，故须对电压进行修正。

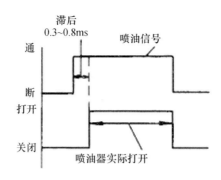

图 2-23 喷油滞后时间

2. 发动机起动后的同步喷油量控制

发动机起动后转速超过预定值时，ECU 确定的喷油量为：

喷油量＝基本喷油量×喷油修正系数＋电压修正值

注意：式中喷油修正系数是各种修正系数的总和。

1) 基本喷油量的确定

基本喷油量用于保证发动机在正常的工作温度下运行时有最佳的空燃比。基本喷油量可根据发动机转速参数和空气流量参数进行计算确定，并通过驱动电路控制喷油器每个工作循环的喷油(通电)时间 T_p：

$$T_p = \frac{120 G_a}{CZn}$$

式中 G_a——空气流量(g/s)；

C——与喷油器结构和理论空燃比有关的常数；

Z——发动机气缸数；

n——发动机转速(r/min)。

燃油喷射控制系统多采用查询法求得基本喷油时间，即通过试验确定发动机特定工况下的最佳喷油时间，取得多组发动机转速、空气流量或进气管压力所对应的喷油时间标准数据并存入 ROM 存储器中，如图 2-24 所示。工作时，电子控制单元中的 CPU 根据发动机转速信号和空气流量(或进气管压力)信号，从 ROM 中查询得到基本喷油时间，通过插值法计算得到该工况下的喷油时间。用查询法求得最佳的基本喷油时间，可实现非线性控制，使燃油喷射的控制精度更高。

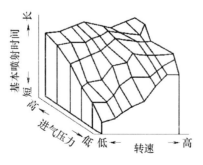

图 2-24 基本喷油时间三维图

2) 喷油量的修正控制

通过喷油量的修正控制可使发动机在各种情况下都有最适当的空燃比,使发动机始终对于最佳工作状态。

在发动机冷起动阶段,氧传感器无输出信号。发动机按可编程只读存储器提供的预定空燃比控制其工作,这一阶段称作开环控制阶段。当点火开关打开时,取下列 T_1、T_2 中的大值作为喷油脉冲输出信号

$$T_1 = 1.3\,T_e + T_S$$
$$T_2 = T_{ST} \cdot K_{NST} \cdot K_{TST}$$

式中　T_e——有效喷油量;
　　　T_S——电压修正值;
　　　T_{ST}——基本喷油脉冲;
　　　K_{NST}——转速修正系数;
　　　K_{TST}——时间修正系数。

当氧传感器到达正常工作温度,开始向电子控制单元提供废气含氧量的信息时,控制系统则进入闭环控制阶段。此时喷油脉冲 T_0 依下式计算

$$T_0 = T_P \cdot \alpha \cdot (1 + K_{TW} + K_{AS} + K_{AI} + K_{MR}) \cdot K_{FC} + T_S$$

式中　T_P——基本喷油脉冲;
　　　α——空燃比反馈修正系数;
　　　K_{TW}——水温修正系数;
　　　K_{AS}——起动时和起动后喷油量增量修正系数;
　　　K_{AI}——怠速后喷油量修正系数;
　　　K_{MR}——空燃比修正系数;
　　　K_{FC}——停油系数;
　　　T_S——电压修正值。

发动机每转一转,计算一次,每次都重新计算喷油脉宽,并利用计算结果控制喷油器工作。

在发动机起动后各工况下,ECU 在确定基本喷油时间的同时,还必须根据各种传感器输送来的发动机运行工况信息,对基本喷油时间进行修正。

(1) 起动后加浓。

发动机起动后,点火开关由起动(STA)位置转到接通点火(ON)位置,或者发动机转速已达到或超过预定值,ECU 应额外增加喷油量,使发动机保持稳定运行。

喷油量的初始修正值根据冷却水温度确定,然后以一固定速度下降,逐步达到正常。

(2) 暖机加浓。

冷机时,燃油蒸发性差,为使发动机迅速进入最佳工作状态,必须供给浓的混合气。

发动机起动后,在达到正常工作温度之前,ECU 根据冷却液温度(THW)信号对喷油量进行修正,相应增加喷油时间,如图 2-25 所示。从该图可见,水温在-40℃时加浓量约为正常喷射量的两倍。暖机加浓还受节气门位置传感器中怠速触点 IDL 接通或断开控制,根据发动机转速,ECU 使喷油量出现小的变化。

(3) 进气温度修正。

发动机进气温度影响进气密度,ECU 根据进气温度传感器提供的进气温度(THA)信号

修正喷油持续时间，使空燃比满足要求。通常以 20℃为进气温度信号的标准温度，低于 20℃时空气密度大，ECU 增加喷油量，使混合气不致过稀；进气温度高于 20℃时空气密度小，ECU 使喷油量减少，以防止混合气偏浓。进气温度修正曲线如图 2-26 所示。从图中可知，修正在-20～60℃之间进行。

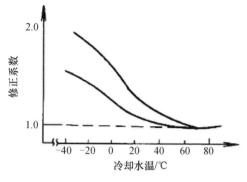

图 2-25　暖机加浓修正曲线　　　　图 2-26　进气温度修正曲线

(4) 大负荷加浓。

发动机在大负荷下运转时，须使用浓混合气以获得大功率。ECU 根据发动机负荷来增加喷油量。

发动机负荷状况根据节气门开度或进气量的大小确定，即根据进气压力传感器、空气流量计、节气门位置传感器信号来判断负荷状况，从而决定相应的喷射量。

大负荷的加浓量通常约为正常喷油量的 10%~30%。

(5) 过渡工况空燃比控制。

发动机在过渡工况运行时(即汽车加速、减速行驶)，为获得良好的动力性、经济性和响应性，空燃比应做适当调整，即需要适量调整喷油量。

ECU 根据进气管绝对压力 PIM 或空气量 V_S、发动机转速 Ne、车速 SPD、节气门位置、空挡起动开关 NSW 和冷却水温度 THW 来判断工况，并调整喷油量。

(6) 怠速稳定性修正(只用于 D 型 EFI 系统)。

在 D 型 EFI 系统中，决定基本喷油时间的进气管压力在过渡工况时，相对于发动机转速将产生滞后。且节气门以下进气管容积越大，怠速时发动机转速越低，这种滞后时间就越长，怠速就越不稳定。

为提高发动机怠速运转的稳定性，ECU 根据 PIM 和 Ne 信号对喷油量作出修正，如图 2-27 所示。随压力增大或转速降低，增加喷油量；随压力减小或转速增高，减少喷油量。

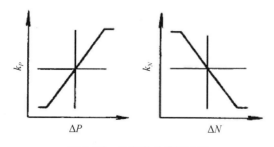

图 2-27　怠速稳定修正曲线

3) 异步喷射

即发动机在起动和加速时，采用的与曲轴转角无关的、在正常喷油基础上的额外喷油。亦即在同步喷射的基础上再加上异步喷射。

(1) 起动喷油控制。在有些电控发动机中，为改善发动机的起动性能，在起动时将混合气加浓。除了一般正常的曲轴转一周喷一次油外，在起动信号 STA 处于接通状态时，ECU 控制喷油器向各缸增加一次喷油。

(2) 加速喷油控制。发动机从怠速工况向起步工况过渡时，由于燃油惯性等原因，会出现混合气稀的现象。为改善起步加速性能，在正常喷油基础上，ECU 根据怠速触点 IDL 信号从接通到断开时，增加一次固定持续时间的喷油。

4) 断油控制

(1) 减速断油。发动机在高速运行下急减速时，节气门完全关闭，为避免混合气过浓、燃料经济性和排放性能变坏，ECU 控制喷油器停喷。

(2) 发动机超速断油。为避免发动机超速运行，当发动机转速超过额定转速时，ECU 控制喷油器停喷。

(3) 汽车超速行驶断油。某些汽车在汽车运行速度超过限定值时，停止供油。

2.3.3 燃油泵控制电路

1. 燃油泵开关控制的燃油泵控制电路

丰田 4S—FE 发动机采用叶片式空气流量计，内部装有油泵开关，其燃油泵控制电路如图 2-28 所示。其开路继电器内置双线圈，控制燃油泵的工作。

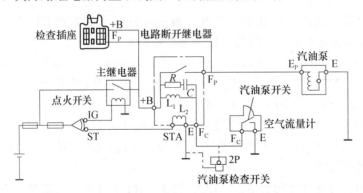

图 2-28 丰田 4S—FE 发动机燃油泵控制电路图

当发动机起动时，点火开关的 ST 端子向电路断开继电器 L_2 线圈供电，使继电器常开触点闭合，汽油泵工作电路构成回路，汽油泵开始喷油。发动机顺利起动后，叶片式空气流量计内的油泵开关受进气气流的作用而闭合，汽油泵继电器 L_1 线圈供电，使继电器触点继续吸合，汽油泵一直接通，直到关闭发动机为止。

2. ECU 控制的燃油泵控制电路

ECU 控制的燃油泵控制电路如图 2-29 所示。发动机起动时，点火开关的 ST 端子向电路断开继电器 L_2 线圈供电，使继电器常开触点闭合，汽油泵开始工作。当发动机运转时，

ECU 接收到发动机转速传感器的电信号,并通过内部的控制电路使晶体管 VT 导通,线圈 L_1 通电而使电路断开继电器触点闭合,汽油泵通电工作。ECU 通过 N_E 信号检测发动机运转状态,如果发动机熄火,ECU 内部电路使晶体管 VT 截止,线圈 L_1 断电,电路断开继电器触点断开,汽油泵停止工作。

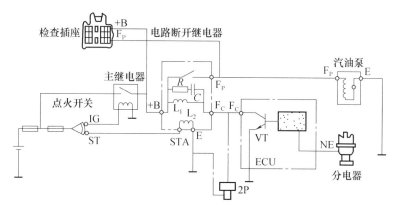

图 2-29　ECU 控制的燃油泵控制电路图

3. 具有转速控制的燃油泵控制电路

1) 电阻器式燃油泵转速控制电路

图 2-30 所示为雷克萨斯 LS400 的电阻器式燃油泵控制电路,它在燃油泵控制电路中增设了 1 个电阻器和燃油泵控制继电器。电阻器一般为 0.7Ω 左右,安装在减振器旁,铝制外壳。发动机工作时,ECU 根据发动机转速和负荷,对燃油泵继电器进行控制,从而控制电阻器是否串入汽油泵控制电路中,以此控制汽油泵电动机上的不同电压,进而实现汽油泵转速变化。

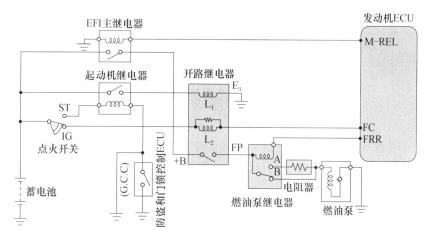

图 2-30　雷克萨斯电阻器式燃油泵转速控制电路图

发动机高速、大负荷运转时,FPR 端子高电位,燃油泵继电器触点 B 闭合,此时电阻器被旁路,燃油泵高速运转。发动机低速、小负荷工作时,FPR 端子低电位,燃油泵继电器触点 A 闭合,电阻器串入燃油泵电路,燃油泵低速运转。

2) 专设燃油泵 ECU 控制的转速控制电路

图 2-31 所示为皇冠 3.0 的专设燃油泵 ECU 控制的转速控制电路，为了对燃油泵转速进行控制，专设了 1 个控制燃油泵工作的燃油泵 ECU。

当发动机以中低速工作时，发动机 ECU 向燃油泵 ECU 的 FPC 端子输出较低电平信号，燃油泵 ECU 的 FP 端子输出 9V 左右的直流电，控制汽油泵低速运转。发动机 ECU 根据 CKP、TPS、VSS 等信号进行综合处理，判定是否提高功率。当发动机高速、大负荷运转时，发动机 ECU 向燃油泵 ECU 的 FPC 端子输出高电平信号，燃油泵 ECU 的 FP 端子输出电源电压，控制汽油泵高速运转。

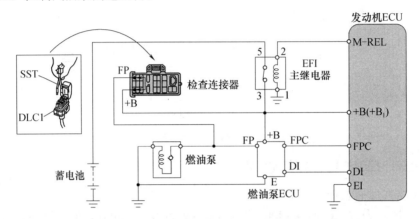

图 2-31 皇冠专设燃油泵 ECU 控制的转速控制电路图

现今的电动燃油泵已全部由电子控制单元控制。比较简单的一种控制只具有在发动机不起动时断油的功能。当点火开关接通时，ECU 命令一个继电器接通输油泵电源并开始输油，但倘若过了 2s 还没有收到发动机已起动的信号(转速达 400r/min，超过了起动机拖动发动机的转速)，则 ECU 即命令继电器切断输油泵电源而处于等待状态，待以后收到起动信号后再予接通。这样可以防止在发动机起动阶段燃油大量喷入而造成"淹缸"，淹缸会使发动机更难起动。

2.4 电子燃油喷射系统的检测

电子燃油喷射系统技术状态的好坏直接影响发动机的动力性、经济性和可靠性，因此，燃油喷射系统的检测往往是检测与诊断的重点内容。

2.4.1 燃油泵及喷油器的检测

1. 燃油泵的检测

1) 燃油泵的就车检查

对于丰田车系，可用专用导线将诊断座上的 +B 和 FP 短接，而其他车系可用蓄电池直接给燃油泵供电。打开点火开关，但不起动发动机，在油箱盖口，应能听到燃油泵运转的声音，用手摸进油软管应感觉到有压力。若听不到油泵工作声音或进油管无压力，应检修燃油泵，否则应检查燃油泵电路导线、继电器、保险丝等。

2) 燃油泵的拆下检查

燃油泵若有故障，可拆卸燃油泵，测量燃油泵两端子之间的电阻值，应为 2～3Ω。用蓄电池直接给燃油泵供电，应能听到油泵电机转动的声音(注意：通电时间不能过长)。

2. 喷油器的检测

1) 简单检查

在发动机工作时，用手触摸或用听诊器检查喷油器，应感觉到针阀有振动或听得到声响。否则，说明喷油器或其电路有故障。

2) 喷油器电阻检查

拆开喷油器线束连接器，用万用表测量喷油器两端子之间的电阻，低阻喷油器应为 2～3Ω，高阻喷油器应为 13～16Ω，否则应更换喷油器。

注意：低阻喷油器不能直接与蓄电池连接，必须串联一个 8～10Ω 的附加电阻。若为低阻喷油器，还应检测串接电阻是否正常。

3) 喷油器控制电路检测

各车型喷油器控制电路基本相同，一般都是通过点火开关和主继电器(或熔丝)给喷油器供电，ECU 控制喷油器搭铁。只是不同发动机喷油器数量、喷射方式、分组方式不同，ECU 控制端子数量不同。喷油器控制电路如图 2-32 所示。

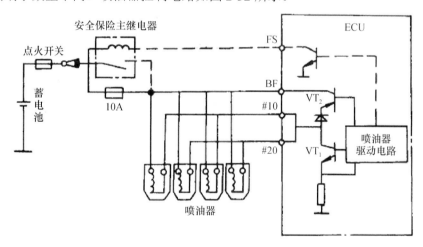

图 2-32　喷油器控制电路图

喷油器控制电路可以使用万用表、示波器或 LED 测试灯等工具进行检测。严禁带电插拔线束插头，或使用指针式万用表或大功率测试灯，以免引起瞬时大电流造成 ECU 内部电子元件损坏。LED 测试灯检测喷油器控制电路的方法如下。

将 LED 测试灯连接在喷油器插头两个插孔中，打开点火开关，如果 LED 灯一直点亮，表示三极管 C 极和 E 极短路；如果 LED 灯不亮，起动发动机；如果 LED 灯仍不亮，表示三极管 C 极和 E 极断路；如果起动发动机时 LED 灯会闪亮，说明喷油器和 ECU 无故障。

2.4.2 燃油压力的测试

1. 燃油系统测试项目

燃油系统测试项目如下。

(1) 供油压力：指发动机怠速运转中燃油系统的实际工作油压，正常油压值在 250~300kPa，如果指针剧烈摆动，油压可能不正常。

(2) 调节压力：指发动机怠速运转中将油压调节器真空管拆开后，燃油系统升高后的油压减去供油压力的差值，就在 28~70kPa 之间。

(3) 最高油压：指发动机怠速运转中，将回油管夹住时燃油系统的油压，应为供油压力的 2~3 倍。

(4) 供油量：在发动机怠速运转中，读取燃油系统的供油压力，然后急加速到 3000r/min 以上，立刻读取此时油压值，应高于供油压力 21kPa 以上。

(5) 系统残压：在发动机怠速运转中，读取燃油系统油压。然后将发动机熄火，并等待 20min，其系统油压应保持在 140kPa 以上。如果无法保持残压，则再次起动发动机，并在建立油压后熄火。此时如果将回油管夹住后即能保持正常残压，表示油压调节器漏油；如果夹住进油管后，才能保持正常残压，则表示燃油泵(单向阀)漏油；如果同时夹住进油管及回油管仍无法保持残压，表示喷油器漏油。

2. 燃油系统的压力释放

在检测系统油压前首先进行系统压力释放，目的是防止在拆卸油管时，系统内的压力油喷出，造成人身伤害和火灾。具体方法如下。

起动发动机，维持怠速运转。在发动机运转时，拔下油泵继电器或电动燃油泵电源接线(或电路保险丝)，使发动机自行熄火。再次起动发动机 2~3 次，即可完全释放燃油系统压力。

3. 燃油系统油压检测步骤

1) 燃油系统压力释放

2) 燃油压力表的连接

将油压表接入油路中。有些系统管路中有油压测试孔，而有些则没有。有油压测试孔的可将油压表直接接在油压检测孔上，没有油压测试孔的可拆下进油管，将三通接头串接在进油管路中，然后在三通管上接上油压表。

3) 系统油压测试

起动发动机，燃油泵开始工作，观察怠速和不同转速下的系统油压。怠速时的油压和不同转速下的油压略有不同，但变化不大。常见系统油压故障有油压过高和油压过低两种。油压过高将使混合气过浓；油压过低将使混合气过稀。

4) 系统最高油压检查

将回油管夹住，使回油管停止回油，此时压力表的指示油压应比没夹住回油管时高出 2~3 倍，否则说明燃油泵性能下降，泵油压力不足。

5) 残压检查

发动机停熄后，燃油管路中应在一定时间内保持一定的残余压力，以保证热车起动和车辆再次起动。如果发动机停熄后，残余油压很低或等于零，将造成起动困难或不能起动的故障。

6) 检查完成后的注意事项

检查完毕后，释放燃油压力，拆下油压表，装复燃油系统，然后预置燃油压力，起动发动机确定有无泄漏。

预置燃油压力的目的是为避免下次起动发动机时，因系统内无压力而导致起动时间过长。一般可以通过反复打开和关闭点火开关数次来完成燃油压力的预置。

4. 燃油压力不正常的检查

1) 油压过高

油压过高的原因是油压调节器故障或回油管堵塞。这时可拆下油压调节器回油管，将一软管套在油压调节器回油管端，软管另一端置于容器中。起动发动机，若此时油压正常，说明回油管堵塞；否则为油压调节器故障。

2) 油压过低

油压过低的原因是油箱中燃油少、燃油泵滤网堵塞、燃油泵故障、燃油泵出油管安装不当、汽油滤清器堵塞或油压调节器故障。起动发动机并怠速运转，夹住油压调节器回油管并观察油压表指示值。若油压能上升至 400KPa 以上，说明油压调节器故障。若油压仍过低，应依次检查燃油滤清器是否堵塞、燃油箱中油量是否过少、油管安装情况、燃油泵滤网是否堵塞，若一切正常，应更换燃油泵。

3) 残压过低

系统残压很低或为零的主要原因是燃油泵单向阀关闭不严、油压调节器泄漏、喷油器漏油或燃油系统管路漏油。其诊断步骤如下。

首先从外观检查燃油系统管路中有无漏油。然后起动发动机并怠速运转，夹住油压调节器回油管，将发动机熄火，观察油压表指示压力。若油压不下降，说明油压调节器泄漏；若油压仍下降，再次起动发动机并怠速运转，同时夹住进油管和油压调节器回油管，将发动机熄火，观察 10 分钟后的油压变化。若油压缓慢下降，则说明喷油器漏油；若不下降，则说明燃油泵单向阀关闭不严，应更换燃油泵。

思 考 题

1. 汽油机电子燃油喷射系统的优点有哪些？
2. 燃油压力调节器的作用是什么？
3. 请简述涡轮式电动燃油泵的工作原理。
4. 请简述燃油压力调节器的工作原理。
5. 请简述喷油器的工作原理。
6. 请结合雷克萨斯 LS400 轿车燃油泵控制电路图分析燃油泵控制电路工作原理。

第 3 章

汽油机微机控制点火系统

【知识目标】

了解微机控制点火系统的特点及分类;掌握微机控制点火系统的组成及工作原理;了解微机控制点火系统的控制;熟悉微机控制点火系统的应用实例。

【技能目标】

能够对微机控制点火系统的点火正时进行检测。

3.1　概　　述

在 20 世纪 70 年代后期，随着计算机技术的飞速发展和发达国家对汽车排放限制及对其他性能要求的提高，微机开始在汽车上获得应用——用微机控制点火提前角和闭合角，形成微机控制点火系统。由于微机具有响应速度快、运算和控制精度高、抗干扰能力强等优点，通过微机控制点火提前角要比机械式的离心点火提前调整装置和真空点火提前调整装置的精度高得多。点火提前角随真空度及发动机转速的变化规律如图 3-1 所示。微机控制点火系统可以通过各种传感器感知多种因素对点火提前角的影响，使发动机在各种工况和使用条件下的点火提前角都与相应的最佳点火提前角比较接近，并且不存在机械磨损等问题，克服了离心点火提前调整装置和真空点火提前调整装置的缺陷，使点火系统更趋完善，发动机的性能得到进一步改善和更加充分的发挥。因此，微机控制点火系统是继无触点的普通电子点火系统之后，点火系统发展的又一次飞跃。

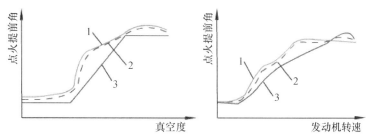

(a) 点火提前角随真空度变化的规律　　(b) 点火提前角随发动机转速变化的规律

图 3-1　点火提前角随真空度及发动机转速的变化规律

1—理想点火正时曲线；2—微机控制点火正时曲线；3—机械调节装置点火正时曲线

电子控制燃油喷射系统出现后，点火提前角控制功能通常作为发动机电子控制系统的一部分，由发动机电子控制系统协调控制。目前微机控制的电子点火装置已在汽车上得到了广泛应用。

3.1.1　微机控制点火系统的特点

微机控制点火系统可以根据发动机各传感器输入的信息，按照控制程序控制点火线圈初级电流的闭合时间和断开时刻，实现闭合角和点火提前角的控制。微机控制点火系统具有以下优点。

(1) 能在各种转速范围内提供所需的点火电压和点火持续时间。

(2) 由 ECU 根据各有关传感器的电信号确定最佳点火时间并进行实时调整，能在不同负荷和转速条件下提供最佳点火提前角。

(3) 能把点火提前角调整到汽油机刚好不发生爆震的范围内。

(4) 微机控制点火系统可与其他电子控制系统实现协调控制，提高了发动机的动力性、经济性、净化性。

(5) 结构紧凑、可靠性高、成本低、耗电少、不需要冷却、响应性好等。

3.1.2 微机控制点火系统的分类

1. 按有无分电器分

按有无分电器分类,微机控制点火系统可分为有分电器和无分电器两种。

有分电器微机控制点火系统:这种点火方式只有1个点火线圈,所有气缸的点火电压均由该点火线圈提供,由分电器中的配电器分配点火线圈产生的高压电。

无分电器微机控制点火系统:这种点火方式取消了分电器,它有与气缸同等数量的点火线圈(或者点火线圈的个数是气缸数的1/2),由电子控制单元(ECU)进行高压电的分配。

2. 按点火方式分

按点火线圈的数量和高压电分配方式的不同,无分电器微机控制点火系统又分为同时点火方式和独立点火方式,如图3-2所示。

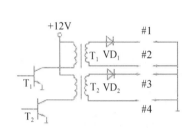
(a) 点火线圈分配同时点火

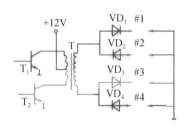
(b) 二极管分配同时点火

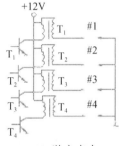
(c) 独立点火

图3-2 无分电器电子点火控制系统

同时点火方式一般是将各缸火花塞两两分组,两个同步缸共用一个点火线圈,即点火线圈的数等于气缸数的一半。当两同步缸同时到达上止点时,火花塞跳火,其中一缸接近压缩行程上止点,为有效点火;另一缸接近排气行程上止点,为无效点火。由于排气行程缸内的温度高、压力低,因此跳火电压很低,能量的损失较小。

独立点火方式是每缸一个点火线圈,即点火线圈的数量与气缸数相等。各个独立的点火线圈直接安装在火花塞上,独立向火花塞提供高压电,各缸直接点火。这种结构的特点是去掉了高压线,因此可以使高压电能的传递损失和对无线电的干扰降到最低水平。由于每缸都有点火线圈,即使发动机转速很高,点火线圈也有较长的通电时间,可提供足够高的点火能量。

二极管配电点火方式的特点是4个气缸共用1个点火线圈。点火线圈为内装双初级线圈、单输出次级线圈的特制点火线圈。

3. 按是否有反馈控制分

微机控制点火系统按是否有反馈控制分为开环控制方式和闭环控制方式。

开环控制方式是指在微机控制点火系统中,ECU只依据反映发动机工况、状态的各传感器信号对点火提前角进行控制。

闭环控制方式是指在微机控制点火系统中设有发动机爆燃传感器,通过发动机爆燃传感器反馈发动机爆燃情况,作出点火提前角的修正控制。所以闭环控制又称为反馈控制。

目前的微机控制点火系统大都采用的是在开环控制方式的基础上再配以闭环控制方式的混合控制方式。

3.2 微机控制点火系统的工作原理及控制

3.2.1 微机控制点火系统的组成及工作原理

1. 微机控制点火系统的组成

微机控制点火系统一般由传感器、电子控制单元(ECU)、点火器、点火线圈、火花塞组成，如图3-3所示。

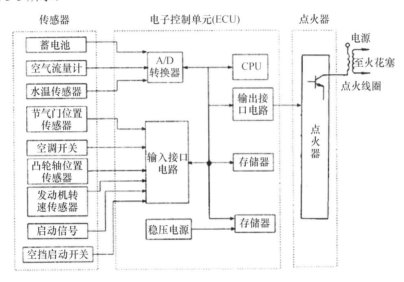

图 3-3 微机控制点火系统的组成

1) 传感器

传感器的作用是检测发动机的运行工况。主要的传感器有：发动机转速传感器、空气流量计(或进气压力传感器)、水温传感器、节气门位置传感器、凸轮轴位置传感器等。

2) 电子控制单元(ECU)

电子控制单元(ECU)又称微机控制器或电脑，其作用是根据发动机各传感器输入的信息，按照控制程序控制点火线圈的闭合时间和断开时刻，实现闭合角和点火提前角的控制。

电子控制单元由输入接口电路、输出接口电路、A/D 转换器、CPU、存储器以及稳压电源等组成。

3) 点火器

点火器的作用是根据电子控制单元输出信号，通过内部的大功率三极管的导通和截止，控制点火线圈初级电流的通断，完成点火工作。

有些点火器只有大功率三极管，单纯起开关作用；有的除开关作用外，还有恒流控制、闭合角控制、气缸判别、点火监视等功能。有的发动机不另设点火器，大功率三极管设置在电子控制单元内部，由 ECU 直接控制点火线圈中初级电流的通断。

2. 微机控制点火系统的工作原理

ECU 根据曲轴位置传感器提供的曲轴位置信号，判断出发动机的活塞位置，并根据信号频率计算出发动机的转速值，再通过电控燃油喷射系统的空气流量计(或进气压力传感器)确定负荷的大小，从而对发动机的运行工况作出比较精确的判断。根据发动机的转速和负荷的大小，微机控制器从存储单元中查找出对应此工况的点火提前角和点火初级电路导通时间(闭合角)，由这些数据对电子点火器进行控制，从而实现精确控制。

此外，在具有爆燃控制功能的微机控制点火系统中，ECU 还可根据爆燃传感器的输入信号来判断发动机有无爆燃及爆燃程度，并对点火提前角进行闭环控制。

3.2.2 微机控制点火系统的控制

微机控制点火系统的控制主要包括点火提前角控制、通电时间控制及爆燃控制。这些功能由电控单元 ECU 完成。

1. 点火提前角控制

汽油机微机控制点火系统的核心问题是点火提前角电子控制(ESA)。点火提前角对发动机动力性、经济性和排放有十分重要的影响，是继燃油喷射量控制之后的第二个必不可少的控制参数，应根据发动机负荷和转速加以优化。

1) 点火提前角对发动机性能的影响

汽油机发动机工作时，气缸内可燃混合气燃烧有一定的速度，即火花塞跳火到气缸内的可燃混合气完全燃烧时需要一定时间，但是由于发动机的转速很高，在这样短的时间内曲轴却可以转过很大的角度。若恰好在活塞到达上止点时点火，混合气开始燃烧时，活塞已经开始向下运动，导致发动机的功率下降，因此需要通过提前点火保证可燃混合气产生的能量能够有效地利用，提高发动机的输出功率。

从火花塞开始跳火时刻起到活塞到达压缩上止点，这段时间内曲轴转过的角度称为点火提前角。当汽油机保持节气门开度、转速以及混合气浓度一定时，汽油机功率和耗油率随点火提前角的改变而变化。对应于发动机每一工况都存在一个最佳点火提前角。所谓最佳点火提前角是指能使发动机动力性、经济性和排放获得最佳的点火提前角。

点火时刻对发动机的工作性能有很大的影响。点火提前角过大(点火过早)，则大部分混合气在压缩过程中燃烧，压缩行程活塞上行阻力增大，导致发动机功率下降，油耗增加，且气缸内最高压力升高，使发动机容易产生爆燃；点火提前角过小(点火过晚)，则燃烧延长到膨胀过程，混合气燃烧产生的最高压力不能完全用来做功，也会导致发动机功率下降，油耗增加，易引起发动机过热、排气管放炮等故障。

试验证明，最佳点火提前角应使发动机气缸内的最高压力出现在上止点后 10°~15°，如图 3-4 所示。适当的点火提前角可使发动机每循环所做的机械功最多(曲线 C 下阴影部分)。

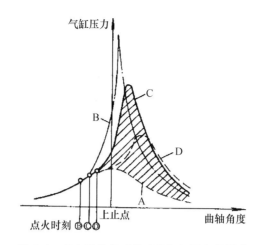

图 3-4　点火提前角对发动机气缸压力的影响

A—不点火；B—点火过早；C—点火适当；D—点火过迟

2) 控制点火提前角的基本方法

在微机控制点火系统中，电子控制单元根据基本点火提前角三维脉谱图控制基本点火提前角。通过大量试验，确定发动机在不同转速和负荷下的最佳点火提前角，取得基本点火提前角三维脉谱图，如图 3-5 所示，并存储在电子控制单元的存储器内。发动机工作时，电子控制单元根据发动机转速传感器输入的转速信号和发动机负荷信号(空气流量计或进气压力传感器检测信号)，即可查得所对应的基本点火提前角，再根据冷却液温度传感器、进气温度传感器、节气门位置传感器等输入信号对基本点火提前角进行修正，再加上固定的初始点火提前角(由曲轴位置传感器的安装位置决定)得到实际的点火提前角。

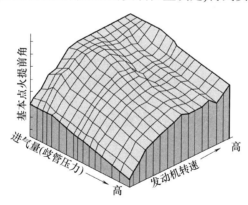

图 3-5　基本点火提前角三维脉谱图

点火提前角的控制包括两种情况，一种是起动时点火提前角的控制，另外一种是起动后发动机正常运转期间点火提前角的控制。

(1) 起动时点火提前角的控制。

发动机在起动过程中，转速较低，进气管绝对压力传感器信号或空气流量计信号不稳定，ECU 无法正确计算点火提前角，一般将点火时刻固定在设定的初始点火提前角。起动时的控制信号主要是发动机转速信号(Ne 信号)和起动开关信号(STA 信号)。

为了控制点火正时，电控单元根据上止点位置来确定点火提前角。在一些微机控制点火系统中，有些发动机电控单元把 G1 或 G2 信号出现后的第一个 Ne 信号过零点定为压缩行程上止点前 10°，并以这个角度作为点火正时计算的基准点，称之为初始点火提前角，其大小随发动机而异。对一定的发动机而言，起动时的初始点火提前角是固定的，一般为 10°左右。

初始点火提前角的数值存储在发动机 ECU 中，它在点火正时检查调整时输出，与其他参数无关。短接数据连接器(DLC)中的 T(或 TE1)和 E1 端子，用点火正时灯观察，如图 3-6 所示。

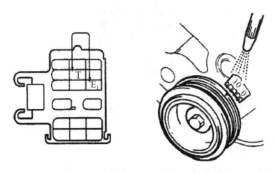

图 3-6 初始点火提前角的检查

(2) 起动后发动机正常运转期间点火提前角的控制。

发动机在起动后，节气门位置传感器的怠速触点(IDL)断开，ECU 根据发动机的转速和进气量(或进气歧管压力)确定基本点火提前角，并根据其他信号进行修正，以确定实际的点火提前角，并向点火控制器输出点火信号。

发动机怠速运转时，节气门位置传感器的怠速触点闭合，此时 ECU 根据节气门位置传感器怠速触点信号(IDL 信号)、发动机转速传感器信号(Ne 信号)和空调开关信号(A/C 信号)确定基本点火提前角，如图 3-7 所示。

发动机起动后在正常工况下运转时，ECU 根据发动机的转速和负荷(单位转数的进气量或基本喷油量)确定基本点火提前角。实际的点火提前角的控制方法，各车型有所不同，如在日本丰田车系 TCCS 系统中，实际的点火提前角等于初始点火提前角、基本点火提前角和修正点火提前角之和，如图 3-8 所示，即

实际的点火提前角=初始点火提前角+基本点火提前角+修正点火提前角

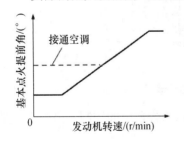

图 3-7 怠速工况基本点火提前角的确定

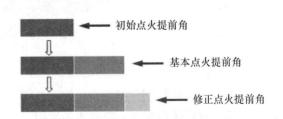

图 3-8 起动后点火提前角的确定

(3) 发动机起动后点火提前角的修正。

在不同的发动机点火控制系统中，对点火提前角的修正项目和修正方法也不同。修正方法有修正系数法和修正点火提前角法两种。主要修正项目：冷却液温度修正、怠速稳定

修正、空燃比反馈修正、爆燃修正等。

① 冷却液温度修正。

冷却液温度修正又可分为暖机修正和过热修正。

在发动机冷车起动后的暖机过程中，随冷却液温度的提高，混合气的燃烧速度加快，燃烧过程所占的曲轴转角减小，点火提前角也应适当减小，如图3-9所示。此时ECU根据冷却液温度传感器信号、进气管绝对压力传感器信号或空气流量计信号、节气门位置传感器信号(IDL信号)对暖机过程的点火提前角进行修正。

当发动机过热时，ECU根据冷却液温度传感器信号、节气门位置传感器信号(IDL信号)对点火提前角的修正，如图3-10所示。

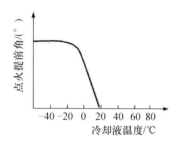

图3-9 发动机暖机时对点火提前角的修正　　图3-10 发动机过热时对点火提前角的修正

② 怠速稳定修正。

当发动机怠速稳定运转时，ECU根据实际转速与目标转速的差对点火提前角进行修正，实际转速低于目标转速时，应增大点火提前角，反之，推迟点火提前角，如图3-11所示。

怠速稳定修正控制信号包括发动机转速信号(Ne信号)、节气门位置传感器信号(IDL信号)、车速传感器信号(SPD信号)、空调开关信号(A/C信号)。

③ 空燃比反馈修正。

由于空燃比反馈控制系统是根据氧传感器的反馈信号调整喷油量的多少来达到最佳空燃比控制的，所以这种喷油量的变化必然带来发动机转速的变化。为了稳定发动机转速，点火提前角需根据喷油量的变化进行修正，如图3-12所示。

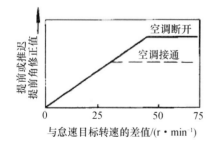
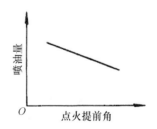

图3-11 怠速稳定对点火提前角的修正　　图3-12 空燃比反馈对点火提前角的修正

④ 爆燃修正。

对发动机是否发生爆震燃烧及爆震的强弱程度作出判断，如信号最大值大于基准值，则表示发生爆震，ECU推迟点火时间。

2. 通电时间控制

1) 通电时间对发动机工作的影响

点火线圈初级电流的大小与电路的接通时间有关，通电时间越长电流越大，点火能量就越大，但是电流过大将导致点火线圈发热甚至损坏，并且造成能量的浪费；同时线圈中的电流也受电源电压的影响，在相同的通电时间内，电源电压越高线圈电流越大。要兼顾上述要求，就必须对点火线圈初级电路的通电时间进行控制。

2) 通电时间的控制方法

微机控制点火系统和传统的分电器不同，传统的点火线圈初级电路的通电时间取决于断电器触点的闭合角和发动机转速。而微机控制点火系统中点火线圈初级电路的通电时间由 ECU 控制，根据发动机的转速信号和电源电压信号确定最佳的闭合角(通电时间)，并控制点火器输出指令信号(IGt 信号)，以控制点火器中晶体管的导通时间。

在微机控制点火系统中，通电时间的控制方法一般是由微机从通电时间与电源电压关系曲线中查出通电时间，再根据发动机转速换算出曲轴转角，以决定线圈中电流的大小。通过大量试验，确定了发动机在不同转速和蓄电池电压下的最佳闭合角，并取得闭合角三维脉谱图，存储在电子控制单元的存储器内，如图 3-13 所示。发动机工作时，电子控制单元根据发动机转速传感器输入的转速信号和蓄电池电压即可查得所对应的闭合角，以控制点火线圈初级绕组的接通时间。

3) 点火线圈的恒流控制

微机控制点火系统采用高能点火线圈来改善点火性能。为了防止初级电流过大烧坏点火线圈，在部分电控点火系统的点火控制电路中增加了恒流控制电路，如图 3-14 所示。

恒流控制的基本方法是：在点火器功率晶体管的输出回路中增设一个电流检测电阻，用电流在该电阻上形成的电压降，反馈控制晶体管的基极电流，只要这种反馈为负反馈，就可使晶体管的集电极电流稳定，从而实现恒流控制。

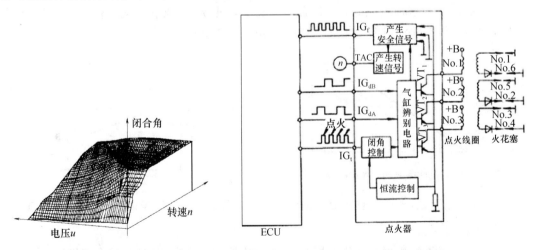

图 3-13　闭合角三维脉谱图　　图 3-14　恒流控制电路图

3. 爆燃控制

前文提及，根据发动机动力性和经济性对点火提前角进行修正的同时，不允许发生爆燃。爆燃是汽油发动机工作时的一种不正常燃烧现象，轻微的爆震可使发动机功率上升，油耗下降；但爆震严重时气缸内发出尖锐的金属敲击声，会导致发动机过热，功率下降，油耗上升。因此，汽油发动机工作时，应对爆燃加以控制。

实验表明，当点火提前角接近发动机爆燃极限时，发动机的动力性和经济性最佳。为尽可能增大点火提前角，同时又避免由于点火提前角的增大使发动机产生爆燃，在微机控制点火系统中，通过增加爆燃传感器检测是否发生爆燃及爆燃程度，并根据判定结果对点火提前角进行闭环反馈控制。

爆燃传感器通常用螺栓安装在气缸体上，内部结构如图 3-15(b)所示，主要由压电陶瓷晶体、震子等部件组成。发动机爆燃时，产生频率为 1~10kHz 的压力波，经气缸体传给螺栓和压电陶瓷晶体。碟形弹簧对震子和压电陶瓷晶体产生一定的预加载荷，载荷的大小影响传感器的频率响应和线性度。压电陶瓷晶体随爆燃强度的变化，产生 20mV/g 的电动势，输入电子控制单元，经输入电路放大、滤波和模/数转换，转换为指示爆燃的数字信号。如图 3-16 所示为 ECU 中的爆燃判别电路。

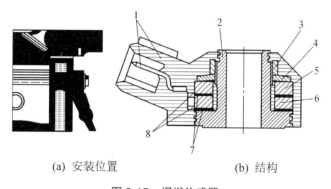

(a) 安装位置　　　　　(b) 结构

图 3-15　爆燃传感器

1—电插头；2—套筒；3—螺母；4—碟形弹簧；5—震子；6—压电陶瓷晶体；7—绝缘片；8—接触片

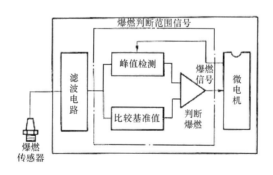

图 3-16　ECU 中的爆燃判别电路

爆燃时点火提前角的闭环控制如图 3-17 所示。爆燃传感器向 ECU 输入爆燃信号时，一旦产生爆燃，电子控制单元输出控制信号减小点火提前角，若仍有爆燃存在，则再以固定的角度减小点火提前角，直到爆燃消失为止；当爆燃停止时，电子控制单元以一定的角度逐渐增加点火提前角。如此循环往复，使点火时刻接近发动机爆燃极限。当爆燃传感器出现故障时，电子控制单元推迟点火提前角并终止爆燃控制。

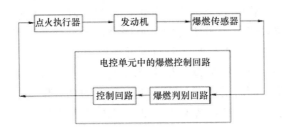

图 3-17 爆燃控制的原理框图

发动机负荷很小时，发生爆燃的可能性为零，所以微机控制点火系统在此负荷范围内采用开环控制模式。而发动机负荷超过一定值时，微机控制点火系统自动转入闭环控制模式。发动机工作时，ECU 根据节气门位置传感器信号判断发动机负荷大小，从而决定点火系统采用闭环控制还是开环控制。

3.3 微机控制点火系统的应用实例

3.3.1 有分电器点火系统

丰田 TCCS 计算机点火系统的组成如图 3-18 所示，该点火系统是发动机电控系统的一个子系统。电子控制单元除控制点火外，还对燃油喷射、怠速、自动变速器等进行控制，此外还具有故障保险、设备功能以及自诊断功能。

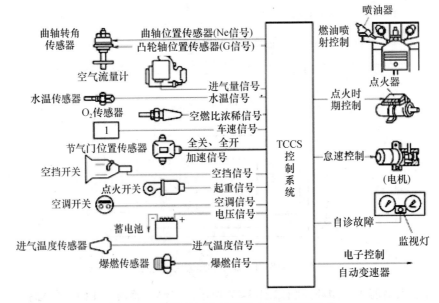

图 3-18 丰田 TCCS 计算机点火系统的组成

发动机起动时，电子控制单元根据曲轴位置传感器(Ne 信号)、凸轮轴位置传感器(G 信号)的输入，确定初始点火时间。发动机正常运转后，电子控制单元根据发动机转速、负荷、节气门位置、冷却液温度、进气温度、爆燃信号等来确定点火正时。

1. 发动机转速和曲轴位置传感器

发动机转速和曲轴位置传感器是计算机控制点火系统中最重要的传感器之一，其作用是向电子控制单元输入发动机转速和曲轴位置信号。

安装在分电器内的曲轴位置传感器采用磁电式，其基本结构如图 3-19(a)所示，上部分为 G 信号发生器，检测发动机曲轴位置；下部分为 Ne 信号发生器，检测发动机转速。

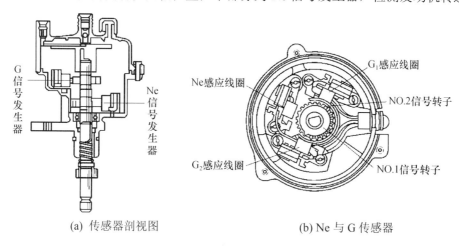

(a) 传感器剖视图　　　　　　　　(b) Ne 与 G 传感器

图 3-19　TCCS 系统发动机转速和曲轴位置传感器

Ne 信号装置主要由信号转子与传感线圈组成，如图 3-19(b)所示，信号转子上有 24 个轮齿，固定在分电器轴上，传感线圈固定在外壳内。当信号转子旋转时，轮齿与传感线圈凸缘部的空气隙发生变化，导致传感线圈内磁通变化而产生交变电动势信号 Ne，分电器轴每转一圈，传感线圈中将产生 24 个交变信号，每产生一个交变信号相当于曲轴转角 30°。电子控制单元通过内部特设的转角脉冲发生器，将 30°曲轴转角计算成转角的步长为 1°，以满足控制精度的需要。同理，电子控制单元依据 Ne 信号中两个脉冲波所经过的时间，准确地计算出发动机转速。

曲轴位置传感器的上部产生 G 信号，G 信号是测试曲轴位置的基准信号，用来判断各缸压缩上止点的位置。G 信号发生器由带有凸缘的信号转子及相对的 G_1、G_2 两个传感线圈组成，其基本结构如图 3-19(b)所示。当 G 信号转子上的凸缘通过 G_1 传感线圈的凸缘时，产生 G_1 信号；当 G 信号转子上的凸缘通过 G_2 传感线圈的凸缘时，产生 G_2 信号。G_1 信号与 G_2 信号在分电器内相差 180°，相当于曲轴转角 360°。分电器轴转一圈，G_1 信号与 G_2 信号分别出现一次。G_1 信号用来检测第六缸压缩上止点的位置，G_2 信号用来检测第一缸压缩上止点的位置。当 G_2 传感线圈产生的电压波形为 0V 时，检测出的位置是上止点前(BTDC)10°。G 信号与 Ne 信号的关系如图 3-20 所示。

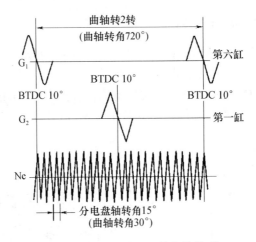

图 3-20 G 信号与 Ne 信号的关系

2. 电子控制单元

在发动机工作时，电子控制单元根据各传感器的输入信号，确定发动机最佳点火提前角，然后根据曲轴位置传感器输入的 G_1、G_2 信号与 Ne 信号，判断出发动机曲轴到达规定位置的时间，并适时地输出控制信号 IGt 至点火器，当 IGt 信号变成低电位时，点火器中大功率三极管截止，将点火线圈的初级绕组电路切断，次级绕组产生点火高压（20～35kV），经分电器至各缸火花塞。

发动机起动时，将发动机控制在固定的初始点火提前角（BTDC10°）上，在发动机转速超过一定值时，点火提前角由计算机输出的点火时刻信号 IGt 进行控制。

3. 点火器

点火器的控制电路如图 3-21 所示。该点火器除了根据电子控制单元输出 IGt 信号，通过大功率三极管（VT）控制点火线圈初级绕组外，还具有以下功能。

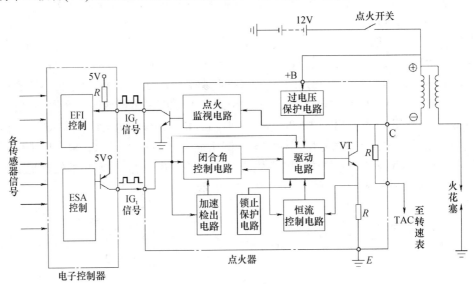

图 3-21 TCCS 系统点火器的控制电路

(1) 闭合角控制及恒流控制功能。

(2) 点火监视功能。该点火器中设有点火监视电路，用于监视点火系统的工作情况。点火监视信号 IG_f 也叫点火确认信号，是根据点火线圈中初级电流被切断时产生的自感电动势所确定的，并以方波的形式反馈给 ECU，由 ECU 对点火系统的工作状况进行检测，使点火器具有安全性。因为在电子控制燃油喷射发动机中，喷油器的驱动信号来自曲轴位置传感器，当点火器出现故障使火花塞不点火，而曲轴位置传感器正常工作时，喷油器仍会喷油，造成气缸内喷油过多，导致再起动困难或行车时三元催化过热。为避免这种现象的发生，当 ECU 连续发出 3~5 次点火信号，而接收不到点火确认信号 IG_f 时，ECU 会立即向电子燃油喷射控制(EFI)电路发出停止喷油的信号，喷油器停止喷油。

(3) 加速检出功能。该电路在发动机转速急剧上升时，可向闭合角控制电路发出信号，通过闭合角控制电路使大功率三极管提前导通，保证点火线圈有足够的初级电流，并产生足够的次级电压，而不会发生断火现象。

(4) 锁止保护功能。当停车而未关断点火开关时，点火器会自动切断初级电路。

(5) 过压保护。该电路在电源供电电压过高时，会令大功率三极管截止，进行过压保护。

3.3.2 无分电器点火系统

无分电器点火系统又称直接点火系统(Distributorless Ignition System 或 Direction Ignition System，DIS)。这种类型的微机控制点火系统除采用电子控制单元控制闭合角、点火时刻和爆燃外，还取消了分电器，由电子控制单元控制点火线圈模块实现点火高压的分配。博世公司无分电器点火系统的组成如图 3-22 所示。

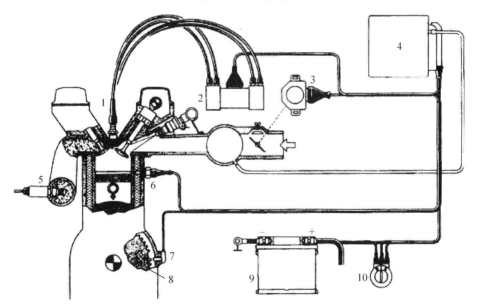

图 3-22 博世公司无分电器点火系统组成

1—火花塞；2—带输出级的点火线圈模块；3—节气门位置传感器；4—电子控制单元；
5—氧传感器；6—冷却液温度传感器；7—发动机转速和曲轴位置传感器；
8—带大齿缺的齿圈；9—蓄电池；10—点火开关

根据点火线圈数量和高压电分配方式的不同，无分电器微机控制点火系统又可分为独立点火方式和同时点火方式两种类型。

1. 独立点火方式

独立点火方式是一个缸的火花塞配用一个点火线圈，单独向各缸直接点火。各个单独的点火线圈直接安装在火花塞上，其外形就像火花塞高压线帽。这种结构的特点是去掉了高压线，同时也就消除了高压线带来的不利因素。各点火线圈的初级绕组分别由点火控制器中的一个大功率三极管控制，整个点火系统的工作也是由电子控制单元控制。发动机工作时，电子控制单元不断检测传感器输入信号，根据储存器(ROM)存储的数据，计算并输出点火信号给点火控制器，点火控制器判断点火气缸后，由大功率三极管控制初级电路的通断而点火。独立点火的点火控制器，需要判断的点火气缸的数目比同时点火方式多 1 倍，所以电路较复杂。

独立点火方式的特点是每缸 1 个点火线圈，即点火线圈的数量与气缸数相等。由于每缸都有点火线圈，即使发动机转速很高，点火线圈也有较长的通电时间，可提供足够高的点火能量。

独立点火方式有两种类型：一种是各缸点火线圈共用一个点火器；另一种是每个点火线圈都有一个单独的点火器，并且点火器和点火线圈集成一体。

图 3-23 为丰田 1MZ—FE 发动机独立点火系统，6 个点火线圈共用 1 个点火器。在点火线圈初级电流切断，初级线圈产生自感电动势时，点火器输出点火确认信号 IGF 给 ECU，以监视点火控制电路是否正常工作。当点火正时信号 IGT 处于高电平(导通)时，IGF 信号处于低电平。6 个点火线圈共有 6 个 IGC 控制信号。

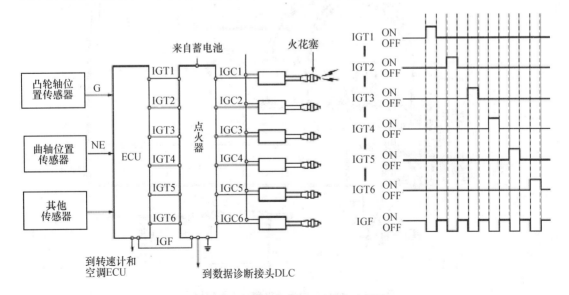

图 3-23 丰田 1MZ—FE 独立点火系统

图 3-24 为丰田 1MZ—FE V6 发动机独立点火系统，其每缸点火线圈各自有 1 个点火器。由于是 V 型发动机，需要用两个凸轮轴位置传感器，以判断每列气缸中第 1 个点火气缸的活塞上止点位置。

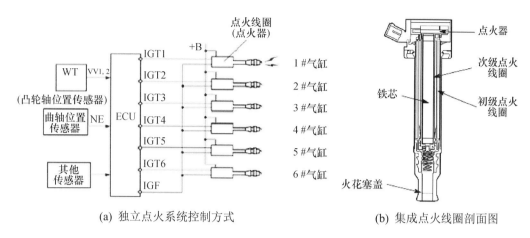

(a) 独立点火系统控制方式　　(b) 集成点火线圈剖面图

图 3-24　丰田 1MZ—FE V6 发动机独立点火系统

对于气缸数为奇数的多缸发动机，由于各缸处于上止点的时刻不同，每缸分别采用一个单火花点火线圈，实现点火高压的分配。对于气缸数为偶数的发动机，每缸也可采用一个单火花点火线圈，实现点火高压的分配。采用单火花点火线圈的上海帕萨特 B5 轿车四缸发动机点火高压分配电路如图 3-25 所示。

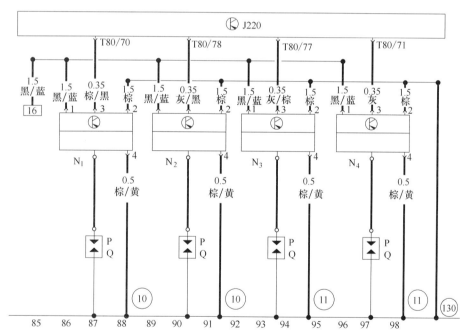

图 3-25　上海帕萨特 B5 轿车四缸发动机点火高压分配电路图

J220－发动机控制单元，在发动机室防护罩内；N_1－第 1 缸点火线圈；N_2－第 2 缸点火线圈；
N_3－第 3 缸点火线圈；N_4－第 4 缸点火线圈；P－火花塞连接器；Q－火花塞；
T80－80 针插头，在发动机控制单元上，⑩、⑪－接地点，发动机气缸盖上

2. 同时点火方式

同时点火方式是利用一个点火线圈对活塞接近压缩上止点和排气上止点的两个气缸同时进行点火的高压配电方法。其中，活塞接近压缩上止点的气缸点火后，混合气燃烧做功，该气缸火花塞产生的电火花是有效火花；活塞接近排气上止点的气缸，火花塞产生的电火花是无效火花。由于排气气缸内的压力远低于压缩气缸内的压力，排气气缸中的火花塞的击穿电压也远低于压缩气缸中火花塞的击穿电压，因而绝大部分点火能量主要释放在压缩气缸的火花塞上。在同时点火方式中，由于点火线圈仍然远离火花塞，所以点火线圈与火花塞仍然需要高压线连接。同时点火方式又分为点火线圈配电同时点火方式和二极管配电同时点火方式两种。

1) 点火线圈配电同时点火方式

对于气缸数为偶数的发动机，通常采用双火花点火线圈，使同时处于上止点的两个气缸共用一个双火花点火线圈而同时点火，其中一缸处于压缩上止点前正常点火；另一缸处于排气上止点前，点火火花"浪费"在排气冲程中，双火花点火线圈的个数为气缸数的一半。如图3-26所示为皇冠汽车六缸发动机所采用的电子点火系统原理图，其结构属于无分电器点火线圈分配同时点火方式。每个点火线圈有2个高压输出端，通过将2个火花塞接地点串联成一个闭合回路。这种同时点火系统的特点有如下三点。

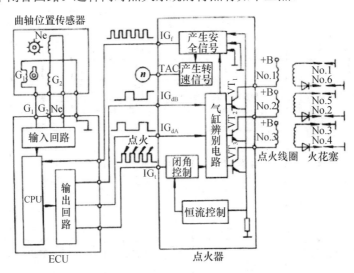

图3-26 皇冠汽车无分电器点火线圈分配同时点火系统

(1) 两个串联的火花塞同时点火，且两个火花塞的极性相反，一个火花塞从正极向负极放电点火(正极性火花塞)，另一个火花塞是从负极向正极放电点火(负极性火花塞)。传统火花塞是负极性火花塞，中心电极为负极，接地电极为正极。同时点火的两个火花塞，一个点火工作时，另一个用作接地构成回路的途径，若有一个火花塞或其导线损坏了，则两个缸的工作都会受到影响。

(2) 串联于同一个点火线圈的两个火花塞必须分别安装在两个点火间隔为360°曲轴转角的两个气缸内，这两个气缸内的活塞同时到达上止点位置(一个为压缩行程的上止点，另一个为排气行程的上止点)。若同时点火的两个火花塞的间隙相同，则点火电压只与气缸压力有关，处于压缩行程的火花塞点火电压比较高，处于排气行程的火花塞无效点火电压低。这样点火线圈的能量就被分成有效点火和无效点火两部分能量，能满足点火要求。同步点火系统进行跳火测试时，次级电压需要在 25000V 以上。

(3) 为防止点火线圈初级电路导通瞬间所产生的二次反极性电压(1000~2000V)，在高压回路中串接二极管。

如图 3-27 所示，IGd 为判缸信号，存储在 ECU 中，实际就是点火顺序信息。ECU 根据 G 信号和 Ne 信号选择 IGd 信号状态，以确定点火顺序。在采用同时点火方式的无分电器电控点火系统中，又把 IGd 信号分为 IGdA 信号和 IGdB 信号。IGdA 和 IGdB 信号波形如图 3-27 所示，当 IGdA 为 0、IGdB 为 1 时，VT_1 导通，1 缸或 6 缸点火；当 IGdA 为 1、IGdB 为 0 时，VT_2 导通，2 缸或 5 缸点火；当 IGdA 为 0、IGdB 为 0 时，VT_3 导通，3 缸或 4 缸点火。

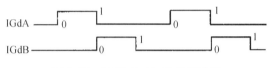

图 3-27　IGdA 和 IGdB 信号波形

AJR 发动机采用点火线圈配电同时点火方式，其原理如图 3-28 所示。每个点火线圈的次级绕组的两端通过各缸高压线连接一个火花塞。电子控制单元根据发动机转速传感器、凸轮轴位置传感器信号判断出各缸上止点位置，控制功率三极管，使初级绕组适时接通和关断，实现点火高压的分配。两个点火线圈初级绕组电路的接通与断开均由点火控制器根据 ECU 的指令进行控制。

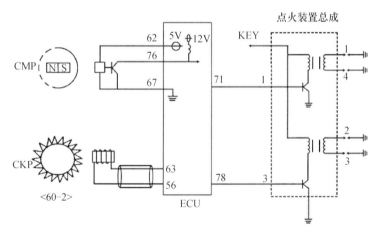

图 3-28　AJR 发动机点火线圈配电同时点火方式

2) 二极管配电同时点火方式

二极管配电同时点火方式是利用二极管的单向导通特性，对点火线圈产生的高压电进行分配的同时点火方式，如图 3-29 所示。从外观看就是一个整体式线圈。内部初级绕组由 2 个晶体管分别控制搭铁，共用一根电源线；与二极管配电方式相配的点火线圈有两个初级绕组，一个次级绕组，相当于是共用一个次级绕组的两个点火线圈的组件。次级绕组的两端通过两个高压二极管与火花塞构成回路，其中配对点火的两个气缸的活塞必须同时到达上止点,即一个处于压缩冲程上止点时,另一个处于排气行程上止点。电子控制单元根据曲轴位置等传感器输入的信息,经计算、处理,输出点火控制信号,通过点火控制器中的两大功率三极管(VT1 和 VT2),按点火顺序控制两个初级绕组的电路交替接通和断开。当1、4缸点火触发信号输入点火控制器时,大功率三极管 VT_1 截止,初级绕组 N_1 断电,次级绕组产生虚线箭头所示方向的高压电动势,此时 1、4 缸高压二极管正向导通而使火花塞跳火。当 2、3 缸点火触发信号输入点火控制器时,大功率三极管 VT_2 截止,初级绕组 N_2 断电,次级绕组产生实线箭头所示方向的高压电动势,此时 2、3 缸高压二极管导通,故 2、3 缸火花塞跳火。二极管配电方式的主要特点是 1 个点火线圈组件为 4 个火花塞提供高压,因此特别适宜于四缸或八缸发动机。

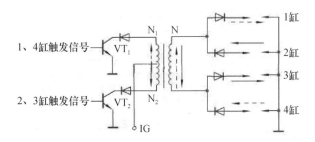

图 3-29 二极管配电同时点火方式

二极管配电同时点火方式与点火线圈配电同时点火方式的特性相同,但对点火线圈要求较高,而且发动机的气缸数必须是数字 4 的整数倍,所以在应用上受到限制。

3.4 微机控制点火系统的检测

3.4.1 微机控制点火系统点火正时的检测与调整

1. "日系车"检测初始点火提前角的方法

在对点火正时诊断前,应首先检查初始点火提前角,若不符合要求应进行调整。由于初始点火提前角不受微机控制,因此需要断开有关控制电路,用正时灯检测。下面以丰田轿车点火正时的检测方法为例进行介绍。

(1) 将故障自诊断接口中的端子 TE1 与 E1 用导线跨接。

(2) 将自动变速器的变速杆置于 N 位。

(3) 起动发动机,在 1000~1500r/min 运转 5s,然后降至怠速并使其稳定运转。

(4) 用正时灯测量点火提前角的方法:点火正时灯是一种频率闪光灯,当延时电位器处于零位时,闪光与 1 缸点火时刻同步。通过调整延时电位器可推迟闪光时刻。当闪光时刻与 1 缸上止点标记对正时,延时电位器上的指示值就是点火提前角。

测量怠速时的点火提前角,便可得到该发动机的初始点火提前角。测量不同工况下的点火提前角,还可以反映出离心式点火调节器和真空点火调节装置的工作情况。将测量值与标准值相比较,就可判断点火正时是否准确,并为点火正时调整提供技术数据。

(5) 丰田车发动机的初始点火提前角一般为上止点前 8°~10°/〔650~800r/min〕。如 CARMY3 S—GE 规定值为 10°/〔650r/min〕;LEXUX LS250 规定值为 10°/〔700r/min〕等。

(6) 其他日系车,如三菱、本田、马自达等的初始点火提前角的检测和调整方法基本相同。

2. 大众车系检测初始点火提前角的方法

1) 有分电器点火系统

大众车系通过其专用诊断仪(如 VGA1552)在发动机怠速工作时,通过诊断接口直接读取初始点火提前角。若初始点火提前角与规定不符,则应转动分电器外壳或对安装点火基准位置传感器的固定体的外壳进行调整。调整时,发动机必须在正常工作温度下运转,另外还要注意维修手册有关规定,如是否需要拆下分电器的真空管路等。

2) 无分电器点火系统

对于无分电器点火系统,其初始点火提前角决定于点火基准位置传感器的安装位置,在正常情况下是固定不变的,也是不可调整的。

3) 初始点火提前角的检测方法

在检测初始点火提前角时,先将调整接头断开后,点火提前角将不受微机控制,而仅决定于点火信号发生器(分电器)的初始位置,然后用点火正时灯测量初始点火提前角。

3.4.2 桑塔纳 AJR 发动机点火系统的检测

桑塔纳 AJR 发动机点火系统电路如图 3-30 所示。两个点火线圈初级绕组电路的接通与断开均由点火控制器 N122 根据电脑 J220 的指令进行控制。

当有故障时,不能单独更换,只能整体更换。在检修时,应检查点火控制组件的电源电压、电脑 ECU(J220)对点火控制组件的控制功能以及点火线圈次级绕组电阻。

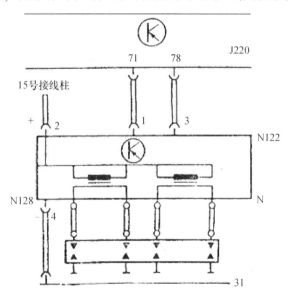

图 3-30 桑塔纳 AJR 发动机点火系统电路图

71—2、3 缸点火电流控制端; 78—1、4 缸点火电流控制端;
N—2、3 缸点火线圈;N122—点火控制器;N128—1、4 点火线圈

1) 检查点火控制组件的电源电压

检查时,拔下点火控制组件插头,如图 3-31 所示。用万用表测量连接插头上 2 和 4 端

子的电压,当接通点火开关时,电压应大于或等于 11.5V。检查完毕,应断开点火开关。若电源电压不在规定范围,如果为零,说明点火线圈到 15 号电源线存在断路,应逐段进行检查。

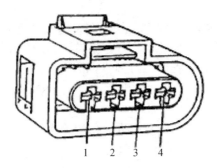

图 3-31　点火控制组件插头

1、3—点火线圈信号端子;2—电源正极端子;4—搭铁端子

2) 检查电脑 ECU(J220)对点火控制组件的控制功能。

电脑 ECU 对点火控制组件的控制功能,就是对点火控制组件的控制信号。检查时,可用 V.A.G1594 检测仪或发光二极管组成的 LED 解码器进行。

操作时,拔下燃油泵熔断器,使燃油泵停止运转。再拔下点火控制器连接器插头,将 V.A.G1594 或 LED 解码器接到 1、4 端子,以及 3、4 端子上,分别检查 1、4 缸和 2、3 缸点火线圈控制信号。起动发动机时,如果发光二极管闪亮,说明电脑 J220 的点火控制功能正常。

当点火系统发生故障时,如果电源电压和电脑控制功能正常,表明点火控制组件有故障,应更换新件。

3) 检查点火线圈次级绕组电阻。

检查时,用万用表检查 A、D 端子电阻,即 1、4 缸点火线圈次级绕组电阻值;检查 B、C 端子电阻,即 2、3 缸点火线圈次级绕组电阻值。1、4 缸或 2、3 缸点火线圈次级绕组电阻值均应在 4~6kΩ。如果电阻值不符合规定,则应更换点火控制组件。

思　考　题

1. 微机控制点火系统的优点有哪些?
2. 试述微机控制点火系统的组成及工作原理。
3. 试述无分电器独立点火系统的组成及工作原理。
4. 请说明独立点火方式和同时点火方式的特点。

第4章

发动机怠速控制系统

【知识目标】

了解怠速控制系统的作用与功能,熟悉怠速控制系统的分类;掌握怠速控制系统的结构与原理。

【技能目标】

会分析步进电动机式、开度电磁阀式和开关电磁阀式等几种怠速控制阀的控制电路。

4.1 概　　述

　　发动机怠速工况是发动机工作的重要工况之一。怠速工况是指发动机在无负荷的情况下运转，只需克服自身内部机件的摩擦阻力，不对外输出功率的情况下，以最低稳定的转速运行的状态。在汽车运行中，发动机怠速运转的时间约占25%，怠速转速的高低直接影响燃油消耗和污染排放。怠速转速过高，燃油消耗增加，但怠速转速过低，又会增加污染排放。此外，怠速转速过低，发动机冷车运转、空调打开、电气负荷增大、动力转向装置开启时，由于运行条件较差或负荷增加，容易导致发动机怠速不稳甚至熄火。因此需要及时调整发动机怠速转速，使发动机在某一速度范围内连续、平稳地运转。目前，大多数电控汽油喷射发动机上都设有怠速转速控制装置。

4.1.1 怠速控制系统的作用与功能

1. 怠速控制系统的作用

　　怠速控制(Idle Speed Control，ISC)系统的主要作用是实现发动机起动后的快速暖机以及空调运行、起步等发动机负荷变化时自动维持发动机怠速稳定运转，即在保证发动机排放要求且运转稳定的前提下，尽量使发动机的怠速转速保持最低，以降低怠速时的燃油消耗量。

　　怠速控制就是怠速转速的控制。电子控制单元(ECU)根据发动机工作温度和负荷，自动控制怠速工况下的空气供给量，维持发动机以稳定怠速运转。因此，怠速控制的实质就是控制怠速时的空气吸入量。

2. 怠速控制系统的功能

　　现代汽车发动机怠速控制系统可实现全过程的怠速控制，主要有如下控制功能。

　　(1) 稳定怠速控制。以设定的发动机转速为怠速控制目标，当发动机的转速偏离目标转速时，电子控制器立刻输出调整信号，通过怠速控制执行器将发动机怠速调整到设定的目标范围之内。

　　(2) 快速暖机控制。在冷机起动后，怠速控制系统可以使发动机在较高的怠速下稳定运行，加速发动机的暖机过程。

　　(3) 高怠速控制。在怠速工况下，当发动机负荷增加时，为保持发动机的稳定运转或使发动机向外能输出一定的功率，电子控制器输出控制信号，通过执行器将发动机调整至设定的高怠速下稳定运转。

　　(4) 其他控制。怠速控制系统通常还具有如下控制功能。

　　① 当发动机起动时，电子怠速控制系统使怠速辅助空气通道自动开启至最大，以使发动机起动容易。

　　② 在活性炭罐控制阀、废气再循环控制阀等工作时，调整怠速控制阀以稳定怠速。

　　③ 因发动机部件磨损、老化等原因而使发动机的怠速偏离正常范围时，电子怠速控制系统能自动将怠速修正到正常值。

4.1.2 怠速控制系统的分类

怠速控制系统有多种类型,包括按进气量的控制分、按怠速控制阀的结构与工作方式分、按怠速控制的方式分。

1. 按进气量的控制方式分

怠速进气量的控制有两种基本方式:一是控制节气门的旁通空气道的旁通空气式,二是直接控制节气门关闭位置的节气门直动式,如图 4-1 所示。

1) 旁通空气式

电子控制单元通过控制怠速控制阀改变怠速辅助空气通道的空气流量来实现怠速的控制,如图 4-1(a)所示。这种控制方式动态响应好,结构简单且尺寸较小,目前较为常见。

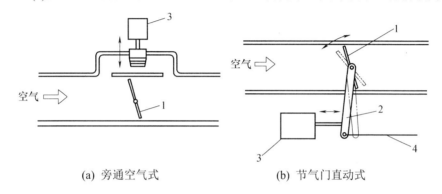

(a) 旁通空气式　　　　　(b) 节气门直动式

图 4-1 怠速进气量的控制方式

1—节气门;2—节气门操纵臂;3—怠速控制执行器;4—加速踏板拉杆

2) 节气门直动式

节气门直动式怠速控制取消了旁通气道和怠速控制阀。在怠速时,电子控制单元通过控制执行机构直接驱动节气门开启一个角度(约 2~5°),实现怠速的控制,如图 4-1(b)所示。这种控制方式工作可靠性好,控制位置的稳定性也较好,其缺点是动态响应性较差,执行机构较为复杂且体积较大。节气门直动式怠速控制装置广泛应用于大众车系,此时的节气门体统称为节流阀体或节气门控制组件。

2. 按怠速控制阀的结构与工作方式分

1) 步进电动机式

怠速控制阀以步进电动机为动力,电子控制单元通过控制步进电动机的转动来驱动空气阀的开启和关闭及开启的程度。

2) 开度电磁阀式

怠速控制阀以电磁线圈通电产生的电磁力为动力,电子控制单元通过控制电磁阀线圈的通断电及电流大小来控制空气阀的开启和关闭及开启的程度。

开度电磁阀式怠速控制阀按其运动方式不同又分为直动式和转动时两种。

3) 开关电磁阀式

怠速控制阀也是以电磁线圈通电产生的电磁力为动力,但只有开和关两种状态。

开关电磁阀式怠速控制阀有两种控制方式：一种是电子控制单元通过阶跃控制脉冲控制电磁阀的开和关，只有高怠速和低怠速两种状态控制；另一种是电子控制单元通过占空比脉冲控制电磁阀的开与关的比率来调节怠速辅助空气通道的空气流量，实现怠速控制。

3. 按怠速控制的方式分

怠速控制的方式包括开环控制和闭环控制两种。一般来说，在起动、暖机、急减速等工况时多采用开环控制，而处于稳定怠速工况时，多采用闭环控制。闭环控制的反馈信号为发动机转速信号。在对怠速空气量进行闭环控制时，多采用比例积分微分 PID 控制方式。

4.2 发动机怠速控制系统的结构与原理

4.2.1 怠速控制系统的原理

1. 怠速控制系统的组成与工作原理

怠速控制系统主要由各传感器、ECU 和怠速执行器组成，如图 4-2 所示。

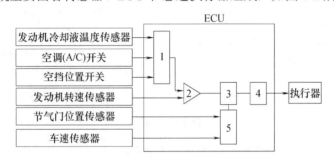

图 4-2 怠速控制系统的组成框图

1—目标转速；2—比较电路；3—控制量计算；4—驱动电路；5—怠速状态判断

传感器的功用是检测发动机的运行工况和负载设备的工作状况，并变成电信号输送到发动机电子控制单元(ECU)。在 ECU 的存储器中储存有发动机各种状态下的最佳稳定怠速参数和相应的控制程序，当发动机处于怠速工况时，怠速控制系统便进入工作状态。

发动机怠速运行时，ECU 根据节气门位置传感器、车速传感器输出的信号，判断发动机是否处于怠速状态，然后根据冷却液温度、空调开关、挡位开关等传感器输入信号，在存储器中查出该工况下的目标转速(即能稳定运转的怠速转速)，再与发动机转速传感器传来的实际转速进行比较，计算出转速差，最后向怠速执行机构输出控制信号，改变怠速进气量，将发动机怠速控制在目标怠速范围内。

2. 目标怠速的影响因素

目标怠速是根据诸多因素决定的，主要的影响因素有以下几项。

(1) 发动机冷却液温度：当发动机冷却液温度较低时，系统给出较高的目标怠速(1200r/min)以加速暖车。

(2) 外加负载：当打开空调(A/C)开关时，系统将提高怠速 150r/min；当近光灯开启时，为补偿其电力消耗，目标怠速将提升 50r/min。

(3) 系统电压补偿：当系统电压低于 12V 时，系统会自动提高目标怠速 50r/min。

(4) 车速补偿：车辆在行驶时，目标怠速较停车时提高 50r/min。

(5) 减速调节：减速及停车时，逐步递减至停车状态目标怠速。

3. 怠速工况的识别

在怠速以外的其他工况下，若系统对发动机实施怠速控制，会与驾驶员通过加速踏板对进气量的调节发生干涉。因此，在怠速控制系统中，ECU 需要根据节气门位置传感器信号和车速传感器信号确认怠速工况，只有在节气门全关、车速为零时，才进行怠速控制。

4.2.2 怠速控制执行机构

下面以旁通空气式怠速控制系统为例，该种怠速控制系统的怠速控制执行机构主要有步进电动机式、开度电磁阀式和开关电磁阀式等几种怠速控制阀。

1. 步进电动机式怠速控制阀

1) 步进电动机式怠速控制阀的结构

步进电动机式怠速控制阀广泛应用于旁通空气式怠速控制系统中。主要由步进电动机、丝杠机构、空气阀等组成，如图 4-3 所示。步进电动机由转子(永久磁铁)和定子(电磁线圈)构成，步进电动机的转子与丝杆组成丝杠机构，丝杠机构将步进电动机转子的旋转运动转变为阀杆的直线运动，阀与阀杆制成一体。步进电动机式怠速控制阀安装在节气门体上，阀伸入到设在怠速空气道内的阀座处，如图4-4所示。

ECU 控制步进电动机的转子转动时，带动丝杆作直线移动，通过阀杆带动空气阀上下移动。ECU 通过对定子线圈通电顺序和输入脉冲数量的控制，即可改变怠速空气阀的位置（即开度），这样可增加或减小阀与阀座之间的间隙，从而控制怠速空气量。由于给步进电动机每输入一定量的脉冲只转过一定的角度，其转动是不连续的，所以称为步进电动机。

怠速空气控制用的步进电动机常用的有 4 线的和 6 线的，通用公司使用的步进电动机是 4 线的，丰田公司使用的步进电动机是 6 线的。

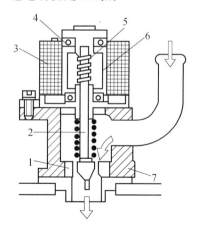

图 4-3 步进电动机式怠速控制阀

1—空气阀阀座；2—阀杆；3—定子绕组；4—轴承；5—丝杆；6—转子；7—空气阀阀体

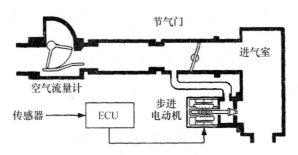

图 4-4　步进电动机式怠速控制系统

2) 通用怠速控制用步进电动机

(1) 通用怠速控制用步进电动机结构及其工作原理。

通用怠速控制用步进电动机结构及其控制电路如图 4-5 所示。此种控制阀的步进电动机是以一个具有 N 极和 S 极的永久磁铁作为转子，定子则由两组相互独立的线圈组成，每组有两个线圈，见图 4-5(c)。PCM 利用内部电路改变两组线圈的电流方向，使之产生交替变化的磁场。转子开始转动前，电控单元 PCM 会将脉冲电压从 A 端送入线圈 1 和 2，然后从 A-端回到 PCM 内部搭铁，使定子线圈 1 和 2 分别产生 S 极和 N 极，吸引转子顺时针旋转。与此同时，PCM 也将脉冲电压从 B 端送入线圈 3 和 4，使定子线圈 3 和 4 分别产生 N 极和 S 极，推动转子顺时针转动 90°，如图 4-5(a)所示的情形。

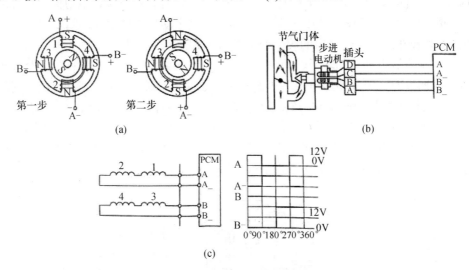

图 4-5　通用怠速控制用步进电动机结构及控制电路

(a) 步进电动机内部结构；(b) 步进电动机连线情况；(c) 步进电动机控制电路简图

(2) 通用怠速控制用步进电动机检测方法。

① 拔下步进电动机的插头，用万用表"Ω"挡测量步进电动机插座 A—A-端之间及 B—B-端之间的电阻，正常情况下，A—A-端之间及 B—B-端之间的电阻应为 40~80Ω；

② 拔下步进电动机的插头，打开点火开关，用万用表"V"挡测量线束侧 A—A-端之间及 B—B-端之间的电压，正常情况下，A—A-端之间及 B—B-端之间的电压应在 0V 和 12V 两者间交替变化。

③ 把步进电动机拆下,给步进电动机通电,其阀轴伸出最大长度不能超过 28mm,如图 4-6 所示。

3) 丰田怠速控制用步进电动机

(1) 丰田步进电动机工作原理。丰田步进电动机内的定子由 4 组相互独立的线圈构成,如图 4-7 所示。步进电动机转子每转一步为 1/32 圈。步进电动机的工作范围为 0～125 个步进级。步进电动机与发动机电子控制单元(ECU)连接,其控制电路如图 4-8 所示。

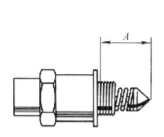
图 4-6 通用步进电动机阀轴伸出长度示意图

图 4-7 步进电动机定子与转子相互作用原理

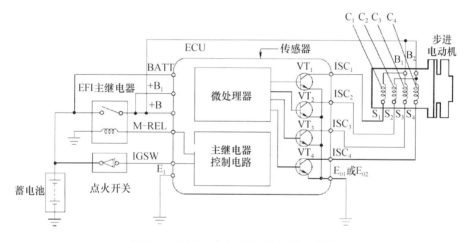

图 4-8 怠速步进电动机控制基本电路图

1—主继电器;2—微处理器;3—主继电器控制电路;4—ECU;5—怠速步进电动机

ECU 存储有适用于不同冷却液温度和汽车空调各种运行状况的目标怠速信息。当需要调整怠速时,ECU 通过内部的步进电动机驱动电路控制步进电动机的 4 个绕组依次通断电,使步进电动机按步转动。ECU 通过控制步进电动机的转动方向和转动角度来控制丝杆的移动方向和移动距离,从而控制空气阀的开度,实现怠速进气量控制,使发动机转速达到目标怠速。

ECU 根据节气门开度信号和车速信号判定发动机处于怠速运转时,EFI 主继电器向步进电动机的 B_1 和 B_2 端子供给蓄电池电压。微处理器按一定顺序使 $VT_1 \sim VT_4$ 晶体管导通,控制 ISC_1、ISC_2、ISC_3、ISC_4 端子轮流搭铁,分别给步进电动机各电磁线圈供电,驱动步进电动机调节旁通空气量,使发动机转速达到目标值。当按 $VT_1 \to VT_2 \to VT_3 \to VT_4$ 顺序使晶体管导通时,带动阀门前伸,减小旁通气道面积;当按 $VT_4 \to VT_3 \to VT_2 \to VT_1$ 顺序使晶体管导通时,带动阀门退回,增加旁通气道面积。

(2) 丰田步进电动机的检测方法。

① 发动机起动后再熄火时,2~3s 内在怠速控制阀附近应能听到内部发出的"嗡嗡"响声;否则应进一步检查怠速控制阀、控制电路及 ECU。

② 拔下怠速控制阀线束连接器,将点火开关转至"ON",但不起动发动机,在线束侧分别测量 B1 和 B2 端子与搭铁间的电压,应为蓄电池电压,否则说明怠速控制阀电源电路有故障。

③ 用万用表"Ω"档测量步进电动机 B1 与 S1 和 S3、B2 与 S2 和 S4 之间的电阻,其阻值应在 10~30Ω 之间。如线圈电阻值不符合要求,应更换怠速控制阀。

④ 拆下怠速控制阀后,将蓄电池正极接至 B1 和 B2 端子,负极按顺序依次接通 S1—S2—S3—S4 端子时,控制阀应向外伸出,如图 4-9(a)所示;若负极按反方向接通 S4—S3—S2—S1 端子,则控制阀应向内缩回,如图 4-9(b)所示。若工作情况不符合上述要求,应更换怠速控制阀。

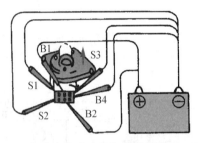 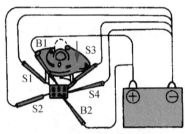

(a) 检查步进电动机的关闭情况　　(b) 检查步进电动机的开启情况

图 4-9　怠速控制阀的动作检测

4) 步进电动机式怠速控制阀的控制策略

(1) 起动初始位置的设定。为了改善发动机的起动性能,关闭点火开关使发动机熄火后,ECU 的 M—REL 端子向主继电器线圈供电延续为 2~3s。在这段时间内,蓄电池继续给 ECU 和步进电动机供电,ECU 使怠速控制阀回到起动初始(全开)位置。待步进电动机回到起动初始位置后,主继电器线圈断电。蓄电池停止给 ECU 和步进电动机供电,怠速控制阀保持全开不变,为下次起动做好准备。

(2) 起动后控制。发动机起动时,由于怠速控制阀预先设定在全开位置,在起动期间经怠速空气道可供给最大空气量,有利于发动机起动;但怠速控制阀如果始终保持在全开位置,发动机起动后的怠速转速就会过高,所以在起动期间 ECU 根据冷却液温度的高低控制步进电动机,并调节控制阀的开度,使之达到起动后暖机控制的最佳位置,此位置随冷却液温度的升高而降低,控制特性(步进电动机的步数与冷却液温度的关系曲线)存储在 ECU 内。

步进电动机起动初始位置的设定和起动后的控制原理如图 4-10 所示。

(3) 暖机控制。暖机控制又称快怠速控制,其控制原理如图 4-11 所示。在暖机过程中,ECU 根据冷却液温度信号按内存的控制特性控制怠速控制阀开度,随着温度上升,怠速控制阀开度逐渐减小。当冷却液温度达到 80℃时,暖机控制过程结束。

(4) 怠速稳定控制。怠速稳定控制又称反馈控制,如图 4-12 所示。在怠速运转时,ECU 将接收到的转速信号与确定的目标转速进行比较,其差值超过一定值(一般为 20r/min)

时，ECU 将通过步进电动机控制怠速控制阀，调节怠速空气供给量，使发动机的实际转速与目标转速相同。

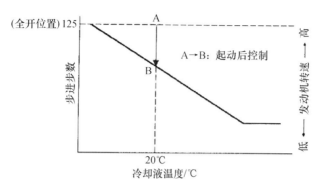

图 4-10　步进电动机起动初始位置的设定和起动后控制

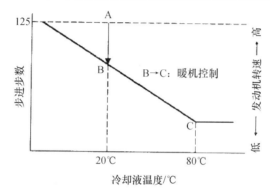

图 4-11　步进电动机暖机控制

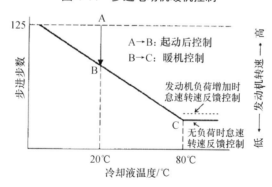

图 4-12　步进电动机怠速稳定控制

(5) 怠速预测控制。发动机在怠速运转时，如变速器挡位、动力转向、空调工作状态的变化都将使发动机的转速发生可以预见的变化。为了避免发动机怠速转速波动或熄火，在发动机负荷出现变化时，不待发动机转速变化，ECU 就会根据各负载设备开关信号(A/C 开关等)，通过步进电动机提前调节怠速控制阀的开度。

(6) 电气负载增多时的怠速控制。在怠速运转时，如使用的电器负载增大到一定程度，蓄电池电压就会降低。为了保证电控系统正常的供电电压，ECU 根据蓄电池电压调节怠速控制阀的开度，提高发动机的怠速转速，以提高发电动机的输出功率。

(7) 学习控制。在 ECU 的存储单元中，存储着怠速控制阀的步数与发动机怠速转速的对应表。但发动机在使用过程中，由于磨损等原因会导致怠速控制阀的步数与发动机怠速转速的对应关系发生改变。在此情况下，ECU 利用反馈控制功能使怠速转速回归到目标值的同时，还可将对应的实际步数存储在 ROM 存储器中，以便在此后的怠速控制过程中使用。ECU 会定期更新怠速控制阀步数与发动机转数对应的数据表，以便能让怠速控制系统更快地达到目标转速。

当节气门体变脏后，发动机在怠速时，IAC 阀的开度会增大。这是因为节气门体变脏后，在相同的开度下，进气量会减少，将不足以维持发动机的目标转数，IAC 阀应开大，这说明电控单元具有反馈和学习功能。清洗节气门后，一定要让 ECU 重新进行学习，即进行基本设置，这样为达到同样的目标转速，怠速时 IAC 阀的开度会减少。切记，如果蓄电池断开了，ECU 也将重新进行怠速控制的学习。

2. 开度电磁阀式怠速控制阀

开度电磁阀式怠速控制阀有直动电磁阀式和转动电磁阀式两种。

1) 直动电磁阀式

直动电磁阀式怠速控制阀的结构是一种比例电磁阀的结构形式，由电磁线圈、阀杆及阀等主要部件组成，如图 4-13 所示。电磁线圈通电产生电磁吸力，吸引阀杆克服弹簧弹力作轴向移动，使阀打开。阀的开度取决于电磁线圈驱动电流的大小，由 ECU 通过输出占空比信号进行控制。当驱动电流大时，电磁吸力大，阀门开度就大，反之，阀门开度就小。波纹管的作用是为了消除阀门上下压差对阀门开启位置的影响。这种怠速控制阀虽然响应速度非常快，但阀的高精度开度控制难度相对较大，因此，直动电磁阀式怠速控制阀已比较少见。

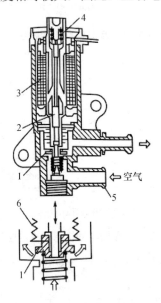

图 4-13 直动电磁阀式怠速控制阀

1—阀；2—阀杆；3—电磁线圈；4—弹簧；5—壳体；6—消除负压用的波纹管

2) 转动电磁阀式

转动电磁阀式怠速控制阀有两种形式，一种是转子为永久磁铁，电磁线圈绕在定子上;另一种是定子为永久磁铁,电磁线圈绕在转子上。图 4-14 所示是定子为永久磁铁、转子上绕有两组电磁线圈的转动电磁阀式怠速控制阀。

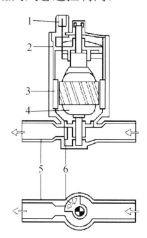

图 4-14　转动电磁阀式怠速控制阀

1—电接头;2—壳体;3—永久磁铁;4—电枢;5—旁通空气道;6—旋转阀片

转动电磁阀式怠速控制阀的控制电路如图 4-15 所示。发动机工作时,当 ECU 根据相关传感器及开关信号检测到发动机怠速转速低于目标转速时,会自动提高控制信号的占空比,并经驱动电路(反相器及 VT_1、VT_2)分出同频反向的电磁线圈电流控制脉冲 ISC_1、ISC_2,使两个电磁线圈通电并产生相应的磁力,吸引转子转动相应的角度,带动旋转阀片改变旁通空气道面积,以改变进气量,进行怠速控制。

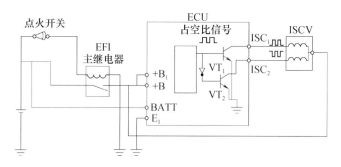

图 4-15　转动电磁阀式怠速控制阀的控制电路图

ECU 通过改变控制信号的占空比,使两个线圈的通电时间发生变化来改变阀的开启程度。占空比是指脉冲信号的通电时间与通电周期之比,如图 4-16 所示。当占空比为 50% 时,两个线圈的通电时间相等,正、反向电磁力相互抵消,旋转阀片不转动;当占空比小于 50% 时,旋转阀片逆时针旋转,旁通气道被关小;当占空比大于 50% 时,旋转阀片顺时针旋转,旁通气道被打开。

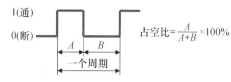

图 4-16　占空比概念

奥迪 100 型轿车在控制信号的占空比减小到 18% 左右时,旋转滑阀完全关闭;占空比增大到 82% 左右时,旋转滑阀完全开启。

3) 转动电磁阀式怠速控制阀控制内容

(1) 起动控制。当发动机 ECU 接收到起动信号(STA)，发动机 ECU 确定发动机将起动，打开怠速控制阀以改善起动性。依据冷却液温度和发动机转速信号来控制怠速控制阀的开启位置。

(2) 暖机(快怠速)控制。发动机起动后，发动机 ECU 按照冷却液温度打开怠速控制阀以增加怠速转速。当冷却液温度升高后，发动机 ECU 控制怠速控制阀使其趋向关闭方向以降低怠速转速。

(3) 怠速反馈控制。当发动机实际怠速转速低于目标转速时，发动机 ECU 控制怠速控制阀开度加大；反之，当发动机实际怠速转速高于目标转速时，发动机 ECU 控制怠速控制阀开度减小。

(4) 发动机负荷/转速变换估计控制。为了防止由于发动机负荷的变化而导致转速的明显改变，发动机 ECU 会监控来自空挡起动开关(NSW)、空调开关(A/C)、前照灯、后窗除雾(ELS)的信号，若装有动力转向和机油压力开关(PS)，还要监视这些信号。通过监控信号，发动机 ECU 确定出目标转速，从而调节怠速控制阀的位置。

(5) 学习控制。转动电磁阀式怠速控制系统利用怠速旁通气道学习控制策略，发动机 ECU 记忆发动机转速和占空比之间的关系，定期更新存储数据。由于一段时间后，磨损和其他原因会导致发动机转速和占空比之间的关系发生变化，由于怠速反馈控制作用，调整后的发动机转速和占空比之间的对应关系被记忆在发动机 ECU 内，发动机 ECU 定期更新记忆内容，可以让转动电磁阀更快地响应发动机转速的变化。

如果蓄电池断开了，发动机 ECU 将重新进行怠速控制的学习。

3. 开关电磁阀式怠速控制阀

开关电磁阀式怠速控制阀有占空比控制和开关控制两种方式，其怠速控制阀只有开和关两种状态，即电磁线圈通电时，阀被打开；电磁线圈断电时，阀被关闭。

1) 占空比控制方式

占空比控制方式的开关电磁阀式怠速控制阀的结构如图 4-17 所示，其控制电路如图 4-18 所示。

发动机工作时，当 ECU 根据相关传感器及开关信号检测到发动机怠速转速低于目标转速时，ECU 输出频率固定但占空比变化的怠速控制信号，通过调整电磁阀的开、关比率实现怠速的控制。其占空比控制阀(VSV)安装在进气歧管上，利用来自发动机 ECU 的信号(占空比信号)控制旁通气道的进气量，从而帮助稳定怠速转速。

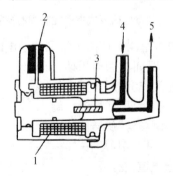

图 4-17 占空比控制方式的开关电磁阀式怠速控制阀

1—电磁线圈；2—接线端子；3—阀；4—来自空气滤清器；5—至进气管

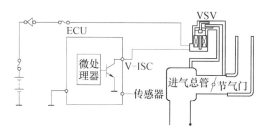

图 4-18　占空比控制方式的开关电磁阀式怠速控制阀的控制电路

(1) 起动控制。当起动信号接通时，ECU 控制占空比怠速控制阀完全打开，改善起动性能。

(2) 发动机转速变化估计控制。空调开关或空挡起动开关接通时，占空比改变，调整电磁阀的开、关比率，控制旁通气道的进气量，使发动机高怠速运转。

(3) 恒定载荷控制。当怠速触点断开时，ECU 使占空比怠速控制阀保持在一固定开度。

(4) 反馈控制。除了起动控制、发动机转速变化估计控制、恒定占空比控制这些情况，ECU 还通过改变"V−ISC"信号以保持怠速转速。

2) 开关控制方式

ECU 输出的控制信号只有高电平和低电平两种状态来控制电磁阀的通电或断电，它只有打开和关闭两种工作状态，怠速控制阀打开是高怠速状态，怠速控制阀关闭是低怠速状态。如图 4-19 所示，发动机 ECU 根据各传感器的信号进行分析、判断，发出怠速控制信号至怠速控制阀，使发动机以适当转速进行怠速运转。在暖机时，快怠速转速由空气阀控制。在下列情况下，开关控制方式的怠速控制阀由关断转为接通。

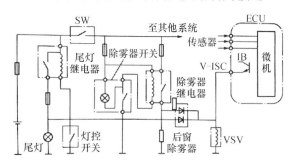

图 4-19　开关控制方式的开关电磁阀式怠速控制阀电路图

(1) 发动机起动瞬间。

(2) 当怠速触点接通，发动机转速低于预定的转速(视空挡起动开关信号而定)时。

(3) 尾灯控制开关接通。

(4) 后窗除雾器开关接通。

当开关控制方式的怠速控制阀接通时，怠速控制阀打开，旁通气道的进气量增大，使发动机怠速保持稳定。

在下列情况下，开关控制方式的怠速控制阀由接通转为关断。

(1) 发动机起动后经过一段时间。

(2) 当怠速触点接通且 A/C 的电磁离合器分离式,发动机转速升至超过预定的转速(视空挡起动开关信号而定)时。

(3) 尾灯控制开关关断。

(4) 后窗除雾器开关关断。

此时,开关控制方式的怠速控制阀关闭,旁通气道的进气量减少,使发动机保持稳定怠速运转。

4.2.3 节气门直动式怠速控制执行机构

在捷达、桑塔纳 2000GSI 等轿车发动机电控系统中,广泛采用节气门控制组件进行发动机怠速控制。桑塔纳 2000GSI 节气门组件由怠速直流电动机 V60、怠速开关 F60、节气门控制器电位计 G88、节气门电位计 G69、应急装置、减速齿轮机构等组成,如图 4-20 所示。

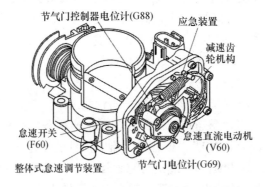

图 4-20 桑塔纳 2000GSI 节气门组件结构

V60——怠速直流电动机,驱动节气门打开 2~5°,稳定怠速,其他状态节气门的开度由油门拉线控制。

F60——怠速开关,怠速时,开关闭合,其他状态时断开。

G88——节气门控制器电位计,反馈给发动机 ECU 怠速直流电机 V60 的位置信号,只负责怠速范围。

G69——节气门电位计,相当于一个节气门位置传感器,向发动机 ECU 提供节气门从全关到全开的位置信号。

应急装置——若驱动电动机故障,此时内部机械装置将节气门拉开一个角度,转速可达 1500r/min,以维持车辆行驶。

节气门控制组件的电路如图 4-21 所示。怠速时,怠速开关 F60 闭合,怠速直流电动机 V60 的正反转由电子控制单元输出电路中的双向驱动电路驱动,并由节气门控制器电位计 G88 检测节气门开度。驾驶员踏下加速踏板时,怠速开关 F60 断开,怠速直流电动机 V60 停转,节气门开度通过节气门电位计 G69 检测。

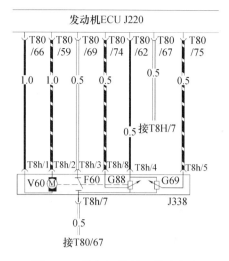

图 4-21 节气门控制组件的电路

思 考 题

1. 怠速控制系统一般具有哪些控制功能?
2. 怠速控制系统有哪些种类?
3. 怠速控制系统的基本组成部分有哪些?其控制原理是什么?
4. 不同结构类型的怠速控制装置是如何工作的?

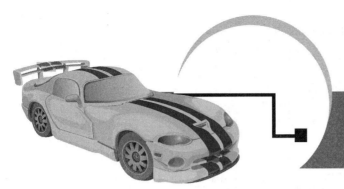

第 5 章

电控汽油机的排放控制系统

【知识目标】

了解汽车排放污染的生成机理与危害,熟悉电控汽油机排放污染的控制方法;掌握废气再循环(EGR)系统、曲轴箱强制通风系统、二次空气喷射系统、三元催化转换器、燃油蒸发排放控制系统的结构及工作原理。

【技能目标】

能够对废气再循环(EGR)系统、曲轴箱强制通风系统、二次空气喷射系统、三元催化转换器、燃油蒸发排放控制系统进行检测。

5.1 概 述

在大气污染中，汽车排放所造成的污染占有相当比重。汽车排放污染物主要有一氧化碳(CO)、碳氢化合物(HC)、氮氧化合物(NO_x)、二氧化碳(CO_2)、二氧化硫(SO_2)、铅(Pb)和碳烟(PM)等。据有关资料介绍，大气中所含 CO 的 75%，HC 和 NO_x 的 50%来源于汽车发动机的排放。特别是在汽车密度较大的国家，汽车发动机的排放污染早已成为严重的社会公害。

5.1.1 汽车排放污染的生成机理与危害

1. 一氧化碳(CO)

一氧化碳(CO)是空气不足或空气中氧含量不足造成混合气过浓所产生的一种无色、无味的有害气体。

理论上讲，燃料完全燃烧时生成 CO_2 和 H_2O；而当空气不足时，则有部分燃料不完全燃烧而生成 CO。在实际燃烧过程中，不仅空气不足时燃烧生成物中有 CO，在空气充足时燃烧产物中也含有 CO。其原因是混合气的形成与分配不均。另外，在使用稀混合气时，在高温下燃烧生成的 CO_2 和 H_2O 也可能有一小部分发生如下的离解反应：

$$2CO_2 = 2CO + O_2$$
$$2H_2O = 2H_2 + O_2$$

而离解反应生成的 H_2 又会使 CO_2 还原成 CO，即：

$$CO_2 + H_2 = CO + H_2O$$

所以，在发动机排气中，总会有 CO 存在。尽管如此，排气中 CO 的浓度基本上取决于空燃比。

一氧化碳(CO)与人体血液中的血红素有很强的亲和力(它的亲和力是氧的 300 倍)，被人体吸入后容易使血液丧失对氧的输送能力而产生缺氧中毒。当环境中 CO 的浓度超过 100 ppm 时，人体就会产生头晕、乏力等不适感；随着 CO 浓度的增加，会进一步产生头痛、呕吐、昏迷等症状；当 CO 浓度超过 600 ppm 时，短时间内会引起窒息死亡。

2. 碳氢化合物(HC)

碳氢化合物(HC)是未燃的燃料，不完全燃烧或裂解反应的碳氢化合物及少量的氧化反应的中间产物，还包括供油系统中燃料的蒸发和滴漏。

发动机工作时，如果混合气过浓，由于空气不足，燃烧不完全，则未燃的燃料或燃烧过程中生成的 HC 增加，HC 的排放浓度增加。而当混合气过稀或缸内废气过多时，则可能引起火焰不充分甚至完全断火，致使排气中的 HC 浓度显著增加。

在汽油机中，缸壁激冷效应也是排气中 HC 的主要来源。当火焰传播到接近气缸壁面附近时，由于壁面的冷却作用，造成发动机燃烧室壁面附近的活性中心迅速结合，使得反应速度下降，从而在壁面形成一层未燃烧的和燃烧不完全的混合气。在正常负荷时，产生的 HC 在缸内已经基本被氧化了，所以排出到排气管的已经很少了；但是在冷起动、暖机和怠速工况时，由于燃烧室温度本身较低，形成的淬冷层较厚，同时已燃气体的温度较低，以及较浓的混合气使得后期的氧化作用较弱。因此壁面激冷是这类工况未燃 HC 的主要来源。

缝隙效应是激冷效应的主要表现形式，燃烧室中存在大量的缝隙，比如活塞、活塞环与气缸之间的缝隙，火花塞电极之间的缝隙，气门头部之间的缝隙以及气缸盖衬垫、气缸孔边缘部分等。在这些区域由于面容比较大，激冷效应更为明显，火焰在这些区域根本不能传播，从而使得压缩过程和燃烧过程中被挤入这些区域的混合气错过了主要的燃烧阶段，在压力降低过程中这些气体又再回到缸内温度已经较低的混合气之中，从而造成了混合气的不完全燃烧甚至部分的完全不燃烧，这样以 HC 的形式排出缸外，使 HC 的排放浓度大大增加。

碳氢化合物(HC)具有一定的毒性，并且易燃易爆，其中的苯类物质又具有致癌作用。单独的碳氢化合物只有在含量相当高的情况下才会对人体产生影响，一般情况下对人作用不是很明显，但它是产生光化学烟雾的重要成分。HC 与 NO_X 在阳光下极易发生光化学反应，形成以臭氧(O_3)和以醛类为主的光化学烟雾。当 O_3 达到一定浓度时，会令生物在短时间内发生高温氧化而脱水死亡；醛类有机物带有毒性，对眼睛和呼吸系统有强烈的刺激作用，严生的会导致中毒死亡。

3. 氮氧化合物(NO_X)

氮氧化合物(NO_X)是发动机高温富氧时大量产生的一种褐色的有刺鼻气味的气体。NO_X 的生成主要有三个条件。

(1) 高温，一般认为当燃烧温度高于 2600K 时就会开始大量的生成 NO_X。

(2) 富氧，NO_X 的生成离不开高浓度的氧环境。

(3) 缸内的滞留时间。即已燃气体在缸内的停留时间越长，NO_X 的生成越多，反之则越少。

点燃式发动机和压燃式发动机氮氧化物的生成机理如下。

1) 点燃式发动机

(1) 空燃比的影响。氧浓度的影响对于 NO_X 的形成非常重要，NO_X 的形成有一个最佳的浓度，也就是说在发动机中有一个最佳的空燃比是适合 NO_X 的形成的，一般认为当过量空气系数为 1.1 时，NO_X 浓度达到最高，当低于该值时由于氧的浓度较低，因此就抑制了 NO_X 的生成；而高于该值时，因为过量空气系数较大，从而影响了缸内混合气的温度，这样也降低了 NO_X 的生成。

(2) 点火正时的影响。对于点燃式发动机，点火正时对于 NO_X 的形成非常重要，当推迟点火时，可以降低发动机的最高燃烧温度，缩短已燃气体在缸内的停留时间，这样可以有效降低 NO_X 的形成。同时，推迟点火还将提高排气温度，这有助于 HC 的后氧化，但是推迟点火却会使得燃油消耗量增加，同时降低比功率。

(3) 已燃气体的影响。已燃气体主要是指缸内残留的废气和通过从排气管引回缸内的再循环废气(EGR)两部分。发动机气缸内的气体主要由进入的新鲜空气、挥发的燃料气体和残留废气三部分组成。残留废气对于发动机缸内混合气的温度、热容、氧浓度有较大的影响。一般来说，残余废气系数的增加会使混合气热容增加，降低燃烧的最高温度，同时还使得发热量降低，这些都会使NO_x的生成量降低。因此，现在一般要求在不影响发动机性能的基础上尽可能提高EGR率来降低NO_x的生成。当然，EGR的加入是有限度的，过量的EGR会使得缸内的混合气过于稀释，从而影响燃料的燃烧，造成PM和HC排放的增加，同时也会降低发动机的燃油效率。

2) 压燃式发动机

柴油机NO_x的形成与汽油机一样，也主要受缸内最高燃烧温度的影响，其中柴油机NO_x的生成主要受开始阶段燃烧的影响。据研究表明，柴油机的NO_x主要出现在发动机开始燃烧后的20°曲轴转角内。因此，有效地降低最高燃烧温度、改善柴油机开始阶段的燃烧都对柴油机的NO_x的排放至关重要。目前最简单的方法就是推迟喷油，降低柴油机的最高燃烧温度，但是该方法的代价就是牺牲柴油机的燃油消耗和增加柴油机的PM量。此外采用较多的还是EGR技术，目前该技术是解决柴油机NO_x排放最为常用也是最为主要的举措。

汽车废气中排出多种氮氧化物(NO_x)，其中一氧化氮(NO)与人体血液中血红素的亲和力比CO还强，两者结合后会产生与CO相似的症状，一般情况下对人体的眼睛、鼻子、咽喉、支气管和肺部等会带来更大的损害，严重时会致人死亡。氮氧化物进入人体肺泡后形成亚硝酸和硝酸，对肺组织有剧烈的刺激性，亚硝酸盐则能与人体内血红蛋白结合，形成变性血红蛋白，可在一定程度上造成人体缺氧。氮氧化合物与碳氢化合物受阳光中紫外线照射后发生化学反应，形成有毒的光化学烟雾，当光化学烟雾中的光化学剂超过一定浓度时，具有明显的刺激性，它能刺激眼角膜，引起流泪并导致红眼病，同时对鼻、咽等器官均有刺激性，能引起急性喘息症，可使人呼吸困难，眼红喉痛，头脑昏沉，造成中毒。光化学烟雾还具有损害植物、降低大气能见度、损害橡胶制品的危害性。

4. 碳烟(PM)

碳烟(PM)主要是柴油发动机燃烧不完全的产物，其内还有大量黑色的碳颗粒和其他杂质粉尘，由于其粒径极小，为0.01～0.2μm，能长期悬浮于空气中，影响能见度。且易于通过呼吸系统而沉积于肺泡内，碳烟不仅本身对人体的呼吸系统有害，而且碳烟粒的空隙中往往吸附着二氧化硫和多环芳香烃等物质，这些物质极具致癌性。

铅、碳微粒和其他杂质粉尘等因粒径极小，SO_2又具有胶黏性，特别是铅微粒，因无法燃烧，一旦被吸附在催化剂的表面上，便令三元催化净化器丧失催化功能，此即为三元催化净化器的铅中毒。

5.1.2 电控汽油机排放污染的控制方法

汽车污染物排放严重污染大气环境，给人们的健康造成了严重危害，因而必须采取有效措施进行控制或者消除。目前遏制汽车污染物排放的对策有很多，比如大量使用天然气汽车、零排放汽车以及发展新能源汽车等。单从控制汽油车的污染物排放来讲，现代汽油发动机排放控制，可以通过以下技术来进行。

(1) 发动机结构优化技术。如采用多气阀进气机构，组织进气气流，对燃烧室加以改进等。通过改善发动机燃烧状况，提高燃烧效率，降低发动机一氧化碳、碳氢化合物的生成量。

(2) 闭环电控发动机管理技术。包括电控燃油喷射和电控点火。

(3) 燃油蒸发排放控制技术。对油箱和供油系统排出汽油蒸气污染物进行控制，国外从 20 世纪 80 年代就已普遍使用，其可控制汽油车 20%左右的碳氢化合物排放。

(4) 闭式曲轴箱强制通风技术。控制发动机曲轴箱窜气造成环境污染，可控制汽油车 20%左右的碳氢化合物排放。

(5) 废气再循环技术。将发动机排气引入到进气中，通过降低发动机气缸内氧气的相对含量和最高燃烧温度来减少氮氧化物的生成量，可降低 40%～60%氮氧化物的生成量。

(6) 三元催化转化器技术。利用氧化和还原反应，将汽车排气中的一氧化碳、碳氢化合物、氮氧化合物同时转化成无害的二氧化碳、氮气、水。在一定条件下，对污染物的转化效率可达 80%以上，是目前最为有效的汽油车机外净化技术。但为保证工作效能，需要发动机具备闭环电控系统，并燃用无铅汽油。

(7) 改进油料、燃油的质量、组分、添加剂。开发并采用多种燃料的新型汽车是今后的发展方向。

5.2 废气再循环(EGR)控制

氮氧化合物(NO_x)是发动机工作时，空气中的氮气(N_2)和氧气(O_2)在高温条件下燃烧形成的产物。所以混合气中氧的浓度越大，燃烧温度越高，在高温条件下混合气滞留时间越长，氮氧化物(NO_x)排放量就越多。因此，控制 NO_x 排放量的机内主要措施就是如何适当降低混合气中氧的浓度和燃烧温度。废气再循环(Exhaust Gas Re-circulation EGR)作为控制氮氧化合物(NO_x)排放的有效措施被广泛应用。所谓废气再循环(EGR)是指把发动机排出的一部分废气引入进气歧管，并与新鲜混合气混合后重新进入气缸参与燃烧，以降低发动机燃烧温度，减少排气中氮氧化合物(NO_x)等有害气体的排放。

EGR 净化 NO_x 的基本原理实际上是热容量理论的具体应用。由于发动机废气中的 CO_2、H_2O、NO_2 三原子气体的比热容较高，又不能燃烧，因此在燃烧过程中不仅阻碍燃烧速度，而且吸收较多的热量，所以能降低最高燃烧温度；同时废气对新鲜混合气的稀释作用，降低了氧的浓度，从而使 NO_x 的生成受到抑制。

但是，EGR 直接影响燃烧过程，废气再循环量过多会影响混合气的着火性能，降低发动机功率，故需要选择 NO_x 排出量多的发动机工况实施有效的 EGR，同时精确进行 EGR 量的控制。即 EGR 的控制目的就是适应发动机的不同工况，控制最佳的 EGR 率，以有效控制 NO_x 的排放量。通常用 EGR 率作为废气再循环的控制指标，EGR 率常用的定义式为

$$EGR率 = \frac{EGR量}{吸入空气量 + EGR量} \times 100\% \tag{5-1}$$

随着 EGR 率的增加，虽然 NO_x 的排量减少，但是 HC 的排量会增加，而且油耗和扭矩也跟着恶化。由于废气再循环造成了缺火率增加，燃烧变得不稳定，如果点火提前角一直不变，会使发动机性能大大下降，如图 5-1 所示。因此，在对 EGR 率的控制中，需同时对点火提前角进行控制。

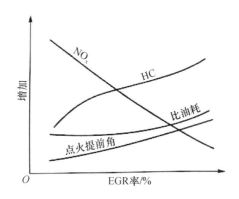

图 5-1 EGR 率对发动机性能的影响

由图 5-1 可知，只要对废气再循环量予以控制，同时对其他因素如点火提前角等进行综合控制，就可得到满意的结果。但是废气再循环量过大会影响发动机的正常运行，特别是在怠速、低转速小负荷及发动机冷态运行时，再循环的废气将会明显降低发动机性能。因此应根据工况及工作条件的变化自动调整参与再循环的废气量，在起动、怠速、暖机、转速低于 900r/min 及高速大负荷时，不进行废气再循环。

5.2.1 废气再循环系统的类型及组成

1. 废气再循环系统的类型

一般在汽油机上根据系统执行器(EGR 阀)的动作控制形式，可以分为机械控制式 EGR 系统和电子控制式 EGR 系统两种。机械控制式 EGR 系统是最早设计使用的 EGR 装置。其工作原理是通过真空度和排气背压来控制 EGR 阀的开闭。机械控制式 EGR 系统中的主要部件是一个膜片式 EGR 阀，根据阀控制方式的不同，有正背压控制式 EGR 和负背压控制式 EGR。但是，对于机械控制式 EGR 系统，EGR 率控制的范围有限(一般为 5%~15%)，且控制精度远不能满足发动机的实际需要，故新型汽车发动机都趋向于选择计算机控制的 EGR 系统，也即电子控制式 EGR 系统。电子控制式 EGR 系统不仅 EGR 率的控制范围大(15%~20%)，而且控制自由度也大。其主要功能特点，就是选择 NO_x 排放量大的发动机工况，进行适量的 EGR 控制。在发动机工作时，微处理机 ECU 根据各传感器，如转速传感器、水温传感器、节气门位置传感器、点火开关等信号，确定发动机目前在哪一种工况下工作，以输出指令，控制 EGR 电磁阀打开或关闭，使 EGR 运行或停止。

目前，电子控制式 EGR 系统可以分为开环控制式 EGR 系统和闭环控制式 EGR 系统。在开环控制式 EGR 系统中，其 EGR 率只受 ECU 预先设置好的程序控制，不检测发动机各工况下的 EGR 率，因此不用反馈信号。因而 ECU 不用复杂的计算，相对来讲控制模式简单。当然，其控制的精度也受到一定限制。在闭环控制式 EGR 系统中，ECU 以 EGR 率作为反馈信号实现闭环控制，其控制框图如图 5-2 所示。新鲜空气经节气门进入稳压箱，发动机排气中的一部分(回流废气)经控制阀进入稳压箱，稳压箱中设置有 EGR 率传感器，它检测稳压箱内新鲜空气与废气所形成的混合气中的氧气浓度，并转换成电信号输送给 ECU，ECU 经过计算分析后向控制阀输出控制信号，不断调整 EGR 率，使 EGR 率保持在最佳值,从而有效减少 NO_x 的排放量。闭环控制式 EGR 系统控制精度高,动态响应好,但结构复杂。

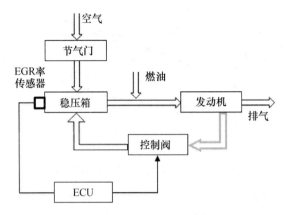

图 5-2 闭环控制式 EGR 系统框图

2. 开环控制式 EGR 系统的组成及工作原理

开环控制式 EGR 系统由 EGR 阀和 EGR 电磁阀等组成,其系统组成如图 5-3 所示。发动机工作时,ECU 根据节气门开度、冷却液温度、发动机转速、起动等信号和控制程序,控制 EGR 电磁阀的搭铁电路来控制 EGR 电磁阀的开度,从而控制进入 EGR 阀的真空度,即控制 EGR 阀的开度,改变参与再循环的废气量。

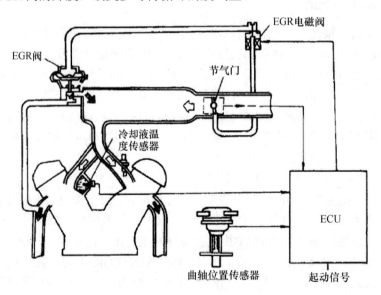

图 5-3 开环控制式 EGR 系统组成

在开环控制式 EGR 系统中,ECU 根据各传感器信号确定发动机工况,并按其内存的 EGR 率与转速、负荷的对应关系,如图 5-4 所示,通过查找与计算,输出适当的控制指令进行控制,而对其控制结果不进行检测。

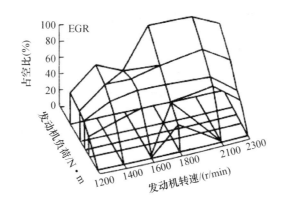

图 5-4 开环控制式 EGR 系统控制特性

3. 闭环控制式 EGR 系统的组成及工作原理

闭环控制式 EGR 系统的组成如图 5-5 所示。通过检测实际的 EGR 率或 EGR 阀开度作为反馈控制信号来控制 EGR 系统，这种控制精度更高。

发动机工作时，ECU 根据空气流量计、冷却液温度传感器、发动机转速传感器等信号和控制程序，向废气再循环电磁阀输出控制信号，控制电磁阀打开和关闭。当电磁阀打开时，接通废气再循环阀的真空管路，使废气再循环阀开启，部分废气进入进气管，进行废气再循环；当电磁阀关闭时，切断废气再循环阀的真空管路，并将大气压力引入废气再循环阀上方，使废气再循环阀关闭，停止废气再循环。EGR 阀位置传感器向 ECU 反馈 EGR 阀开度信号，ECU 根据此信号修正电磁阀开度，使 EGR 率保持在最佳值。

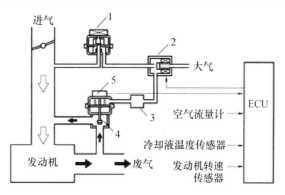

图 5-5 闭环控制式 EGR 系统的组成和工作原理

1—真空控制阀；2—废气再循环电磁阀；3—真空管；4—废气再循环阀；5—EGR 阀位置传感器

5.2.2 废气再循环系统主要部件结构

1. EGR 阀

EGR 阀靠近节气门体，其作用是使一定量的废气流入进气歧管进行再循环。EGR 阀的结构如图 5-6 所示，动作膜片的一侧连接阀轴，另一侧与弹簧相连，弹簧使阀门常闭，膜片上方是真空室。当加在膜片上的真空吸力大于弹簧力时，阀轴被拉离原位，通道打开，使废气进入再循环系统。EGR 电磁阀控制真空室的真空通路，真空室的真空压力吸动膜片，使阀打开，将废气引入气缸，使 NO_x 排放降低。真空度大，EGR 阀的开度增大；反之，EGR 阀的开度减小。

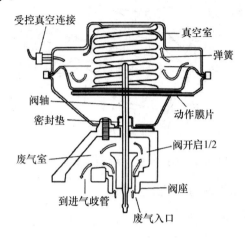

图 5-6 EGR 阀的结构

2. EGR 阀位置传感器

该传感器为电位计式传感器，工作原理与线性可变电阻式节气门位置传感器相同。带有 EGR 阀位置传感器的 EGR 阀如图 5-7 所示，电位计利用一个柱塞推动，向发动机 ECU 传送 EGR 阀的开度信号，感知 EGR 量。ECU 中存储有多种工况下 EGR 阀的最佳位置，如果实际位置与储存的最佳位置不同，发动机 ECU 对 EGR 电磁阀进行脉宽调制。如果需要增加废气再循环量，ECU 就提高 EGR 电磁阀的脉宽，EGR 电磁阀开度增加，则提供 EGR 阀更多的真空，EGR 阀位置提升，废气进入再循环量增加。

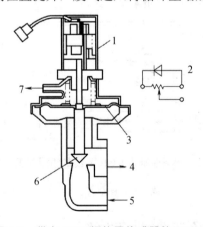

图 5-7 带有 EGR 阀位置传感器的 EGR 阀

1—EGR 阀位置传感器；2—EGR 阀位置传感器电路；3—膜片；4—废气出口；5—废气入口；
6—阀体；7—接 EGR 电磁阀

当发动机冷却液温度低于 57℃、发动机急减速、小负荷(进气量少)、急速、急加速时 EGR 阀关闭，几乎没有废气再循环至发动机。

3. EGR 电磁阀

EGR 电磁阀的结构如图 5-8 所示。EGR 电磁阀线圈不通电，通大气口 3 被关闭，4、6 相通，即 EGR 阀膜片上方的真空室有真空；EGR 电磁阀线圈通电，将通进气歧管 6 的真空通道关闭，通大气口 3 打开，3、4 相通，即 EGR 阀膜片上方的真空室与大气相通，没有真空。

当需要增大废气再循环流量时，ECU 输出的占空比减小，EGR 电磁阀相对的通电时间减小，EGR 阀真空室通进气歧管的相对时间增大，其真空度增大而使阀开度增大，使废气再循环流量相应增加；当 EUC 输出占空比为 0 的信号(持续低电平)时，EGR 电磁阀断电。这时，EGR 阀真空室与进气歧管持续相通，其真空度达到最大(直接取决于进气歧管的真空度)，阀的开度最大，废气的再循环流量也达到最大；当不需要废气再循环时，ECU 输出占空比为 100%的信号(持续高电平)，使 EGR 电磁阀常通电，EGR 阀真空室与大气常通，阀关闭，阻断了废气再循环。

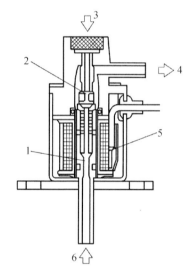

图 5-8　EGR 电磁阀结构

1—空气通道；2—阀体；3—通大气口；4—去 EGR 阀；5—电磁阀线圈；6—通进气歧管

4. 真空控制阀

真空控制阀(VCV)为机械式真空开关阀，其结构如图 5-9 所示。它位于真空电磁阀和进气歧管之间，其作用是调节加在真空电磁阀的真空，使真空保持在恒定水平(-17kPa)。进气歧管真空通过 S 口作用在膜片上，如果真空度大，在弹簧作用下膜片下移关闭 S 口；如果真空度小，阀开启，给真空电磁阀提供真空，这个动作过程不断进行，调整提供给真空电磁阀的真空，使真空度保持恒定。

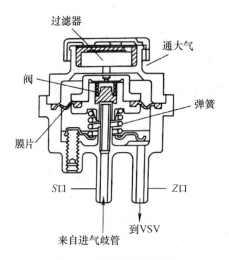

图 5-9 真空控制阀结构

5.2.3 EGR 检修

1) 一般检查

在冷车起动后或怠速时,拆下 EGR 阀上的真空软管,发动机转速应无变化,用手触试真空管口应无真空吸力;转速达 2500r/min 以上,同样拆下此真空软管,发动机转速应明显升高(中断了废气再循环)。若不符合上述要求,说明 EGR 工作不正常,应查明原因,予以排除。

2) EGR 电磁阀的检查

冷态下测量电阻值,应为 33~39Ω。EGR 电磁阀不通电时,从通进气管侧接头吹入空气应畅通,从通大气的滤网处吹入空气应不通;当给电磁阀通蓄电池电压时,与上述情况刚好相反。

3) EGR 阀的检查

如图 5-10 所示,用手动真空泵给 EGR 阀膜片上方施加 15kPa 的真空时,EGR 阀应能开启;不施加真空时,EGR 阀应能完全关闭。

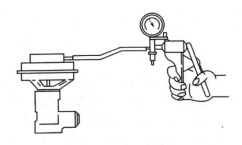

图 5-10 EGR 阀的检查

5.3 曲轴箱强制通风系统

在发动机运转时,燃烧室内有一少部分气体经由活塞环间隙漏到曲轴箱内。曲轴箱内压力将增大，这部分气体会从曲轴箱内溢出而污染大气。汽油机中气缸窜气经曲轴箱排到大气中的 HC 量占其总量的 20%~25%，如果把它们留在曲轴箱内，则将污染机油，使机油产生油泥，影响发动机的使用寿命，并因曲轴箱压力过高而使密封损坏，机油渗漏。曲轴箱内的气体含有未燃烧的碳氢化合物，强制通风系统将这些气体再循环并进入发动机燃烧室被烧掉，这样既减少了 HC 的污染，又改善了经济。因此，发动机曲轴箱通风装置的作用主要是防止机油变质；防止曲轴油封、曲轴箱衬垫渗漏；防止各种油蒸气污染大气。

1. 曲轴箱强制通风系统的结构及工作原理

曲轴箱强制通风系统由强制通风阀(PVC)和上、下导管等组成，如图 5-11 所示。发动机工作时，来自空气滤清器的新鲜空气进入曲轴箱与窜缸混合气混合后，经过 PCV 阀(单向阀)进入进气歧管。流入进气歧管的气量是由 PCV 阀控制的，主要取决于进气歧管的真空度。

根据发动机不同的工况，强制通风阀(PCV)的开度不同，通过的空气量也不同，由此对曲轴箱通风进行控制。在怠速时，进气歧管的真空度较高，将单向阀吸向阀座，限制流过强制通风阀(PCV)的气量。当节气门开度加大时，真空度下降，强制通风阀(PCV)的开度也随之开大，通气量增加。如果发动机出现异常的运转情况(如磨损过度等)，按照设计，系统允许过量的窜缸混合气通过曲轴箱通风管回流入空气滤清器，并被正常燃烧消耗掉。

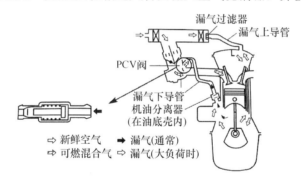

图 5-11 曲轴箱强制通风系统

2. 曲轴箱强制通风系统的检查

1) 强制通风阀(PCV)的安装

曲轴箱强制通风系统最关键的部件是曲轴箱强制通风阀(PCV)。强制通风阀(PVC)是单向阀，必须正确安装才能使之正常工作。如果装反，会使曲轴箱通风截面始终最大，不能随转速降低而减小，而导致发动机不易起动；起动后无怠速，动力下降、油耗增加，润滑油容易稀释变质。如果出现这些现象时，应拆检分解，重新安装强制通风阀(PVC)。

2) 强制通风阀(PCV)的检查

如果强制通风阀(PCV)和软管堵塞，会使怠速转速低、机油泄漏、空气滤清器内有机油、发动机内有油泥等；如果强制通风阀(PCV)和软管泄漏，会造成怠速不稳定、失速、怠速转速高等。

强制通风阀(PCV)的检查：在发动机怠速时，用手指或钳子轻轻夹住强制通风阀(PCV)与进气歧管之间的软管，确认强制通风阀(PCV)中发出"咔嗒"声响，如果没有"咔嗒"声响，则检查强制通风阀(PCV)的密封圈是否破裂或损坏。如果密封圈正常，则更换并重新检查。

5.4 二次空气喷射系统

如果新鲜空气进入排气管,且废气温度够高,废气就会在排入大气以前重新燃烧,废气中的 CO 和 HC 就会转化为无污染的 CO_2 和 H_2O。发动机二次空气喷射系统的实质是将一定量的新鲜空气引入发动机排气管内,从而使排气中的 HC 和 CO 进一步氧化和燃烧,从而降低排气中 CO 和 HC 的排放量,同时提高三元催化转换器的转换效率。

按其空气喷入的部位可分为两类:第一类是新鲜空气被喷入排气歧管的基部,即排气歧管与气缸体相连接的部位,因此,排气中的 HC、CO 只能从排气歧管开始被氧化;第二类是新鲜空气通过气缸盖上的专设管道喷入排气门后气缸盖内的排气通道内,排气中HC、CO 的氧化更早进行。空气何时进入排气歧管及三元催化转换器中,由发动机电子控制单元(ECU)进行控制。

目前所用的二次空气供给方法有两种:一种是采用空气泵的二次空气喷射系统;另一种是利用排气压力将空气导入的脉冲型二次空气喷射系统。

5.4.1 空气泵型二次空气喷射系统

1. 空气泵系统

空气泵系统如图 5-12 所示,系统中的空气由电控单元根据输入信号通过控制相关电磁阀引往空气滤清器、排气歧管及三元催化转换器中。空气泵系统有两套主控阀,第一套为分流阀,用于将空气送往空气滤清器中;第二套为开关阀,用于将空气送往排气歧管或三元催化转换器中。空气泵系统的喷射歧管必须装有单向阀,它允许从空气泵进来的具有一定压力的空气进入空气喷射歧管,而防止高温的发动机废气进入连接软管和空气泵。也就是说,若空气泵皮带断裂或传动打滑等原因造成空气泵停转或转速下降,空气连接软管漏气等不能向喷射系统正常供应空气时,单向阀可以防止排气管中废气倒流,保护二次空气喷射系统免受高温废气的损害。

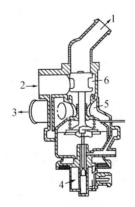

图 5-12 空气泵系统

1—到排气进口的空气;2—空气进口;3—到转换器;4—阻尼;5—分流阀;6—开关阀

空气泵系统有以下几种工作方式。

(1) 在发动机冷态和开环状态工作时，由于三元催化转换器不够热，不能使用额外空气，因此空气经分流阀被送往开关阀，而开关阀将空气引向排气管。

(2) 发动机在正常工作或闭环状态工作时，使空气经分流阀被送往开关阀，再由开关阀将空气送往三元催化转换器中，从而提高催化转换器的工作效率。

(3) 当催化净化器过热时，加入的空气对催化转换器中的催化剂会造成污染，在这种情况下，分流阀将空气送往空气滤清器。

2. 空气泵型二次空气喷射系统的工作原理

空气泵型二次空气喷射系统主要由空气泵、二次空气控制阀、真空电磁阀(VSV 阀)和管道等组成，如图 5-13 所示。空气泵由发动机驱动，产生的低压空气称作二次空气。真空电磁阀由发动机 ECU 控制。

在发动机起动或发动机预热时，ECU 将控制真空电磁阀的电磁线圈接通，此时，VSV 阀将进气歧管真空度引入二次空气控制阀的膜片室，使空气泵产生的空气经二次空气控制阀的下部通道和单向阀喷入排气歧管上的空气口，进行废气的二次燃烧。发动机达到正常工作温度后，将处于闭环工作状态，ECU 将断开真空电磁阀电磁线圈的电流，关闭进气歧管真空通道，来自空气滤清器的空气(与大气相通)进入二次空气控制阀的膜片上方，在弹簧的作用下，二次空气控制阀通往排气歧管的二次空气喷射的气路通道关闭，空气泵来的空气经二次空气控制阀的另一通道被送到消声器、三元催化转换器通道，完成催化器的氧化过程；与此同时，废气再循环系统工作，直到发动机处于开环工作状态为止。

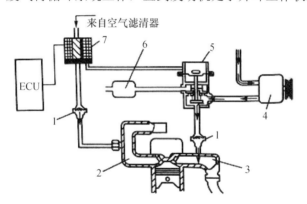

图 5-13 空气泵型二次空气喷射系统原理

1—单向阀；2—进气歧管；3—排气歧管；4—空气泵；5—二次空气控制阀；
6—消声器；7—真空电磁阀(VSV 阀)

5.4.2 脉冲型二次空气喷射系统

脉冲型二次空气喷射系统也称吸气型二次空气喷射系统。该系统不是应用空气泵泵送空气进入喷射歧管，而是应用排气压力的脉冲将新鲜空气吸入排气系统。某车型脉冲型二次空气喷射系统元件的安装位置如图 5-14 所示。研究发现，每次排气门关闭时都会有一个很短的时间周期，在该时间周期内，排气歧管内的压力低于大气压力，会产生一个负压(真空)脉冲。利用这个真空脉冲,经空气滤清器吸入一定量空气进入排气歧管,用这部分空气中的氧气去氧化排气中的 HC 和 CO。如果该车还装有催化转换器,也可以用这部分空气去供应催化转换器对氧的需求。

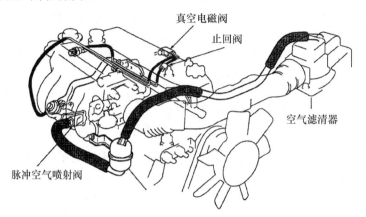

图 5-14　脉冲型二次空气喷射系统元件的安装位置

脉冲型二次空气喷射系统工作原理如图 5-15 所示。空气来自空气滤清器,由 ECU 控制真空电磁阀的打开和关闭,真空电磁阀与单向阀相连,排气中的压力是正负交替的脉冲压力波。当真空电磁阀开启时,进气歧管真空吸起脉冲空气喷射阀的膜片,使阀开启。此时由于排气负压,将来自空气滤清器的新鲜空气,经脉冲空气喷射阀导入排气管内,加大了三元催化转换器的还原功能。当排气压力为正时,脉冲空气喷射阀内的单向阀关闭,排气不会返回到进气管。

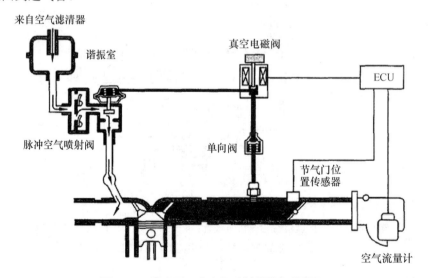

图 5-15　脉冲型二次空气喷射系统工作原理

当发动机高速运转时,由于排气门关闭频繁,每次的负压脉冲周期特别短,由于惯性作用,单向阀实际是关闭的,此时只起到阻止废气返回空气滤清器的截止阀的作用。也就是说在发动机高速运转时,脉冲型二次空气喷射系统实际上是停止工作的。

5.4.3 二次空气喷射系统的检查

1. 一般检查

低温起动发动机后，拆下空气滤清器盖，应听到阀发出的"嗡、嗡"声。

拆下二次空气供给软管，用手指盖住软管口检查，发动机温度在 18～63℃ 范围内怠速运转时，有真空吸力；温度在 63℃ 以上，起动后 70s 内应有真空吸力，起动 70s 后应无真空吸力；发动机转速从 4000r/min 急减速时，应有真空吸力。

2. 二次空气喷射的主动测试

二次空气喷射的主动测试方法有两种：通过性测试和密封性测试。

1) 通过性测试

检查二次空气是否足量，方法是关闭闭环控制，使发动机进入开环控制(让发动机二次空气喷射的主动测试方法在浓混合气下运转)，同时二次空气泵被接通，于是新鲜空气被引入排气歧管，从而提高了废气中的氧含量。此时应检测到较稀的混合气，说明二次空气已经足够，以此来判断二次空气喷射系统是否正常。

2) 密封性测试

密封性测试目的是检测分流阀的关闭是否良好。检测方法是：当发动机在正常工作温度怠速时，二次空气泵被接通，但让分流阀处于关闭状态。二次空气泵接通，发动机控制单元就开始检测空燃比或氧传感器信号。如果密封良好，新鲜空气就不能到达排气歧管，空燃比或氧传感器信号无明显变化。如果系统漏气，闭环控制调节会使混合气明显变浓，空燃比或氧传感器会识别出此变化过程。

5.5 三元催化转换器与闭环控制

5.5.1 三元催化转换器

1. 三元催化转换器的功能

现代汽车普遍采用 OBD—Ⅱ 系统，其实质是通过监测汽车的动力和排放控制系统来监控汽车的排放。当汽车的动力或排放控制系统出现故障，有可能导致 CO、HC、NO_X 超过设定的标准，故障灯就会点亮报警。配置 OBD—Ⅱ 系统的车辆，必须安装三元催化转换器(Three-Way Catalytic converter，TWC)。三元催化转换器可将汽车尾气排出的 CO、HC 和 NO_X 等有害气体通过氧化和还原转变为无害的二氧化碳、水和氮气。由于这种催化器可同时将废气中的三种主要有害物质转化为无害物质，故称三元催化转换器。

2. 三元催化转换器的结构

三元催化转换器安装在排气消声器的前面，一般为整体式，如图 5-16 所示，由载体、外壳等构成。载体上涂有催化活性层，外壳一般用钢板做成，壳体与载体之间有隔离层。其内部结构如图 5-17 所示。大多数三元催化转换芯子以整体陶瓷蜂窝状作为承载催化剂的载体，在陶瓷载体上浸渍铂(或钯)与铑的混合物作为催化剂。

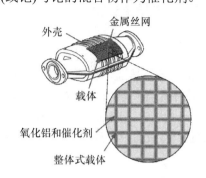

图 5-16　三元催化转换器

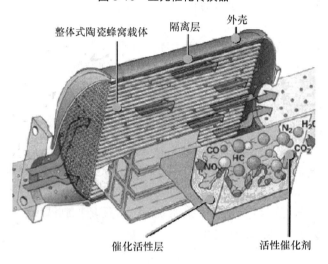

图 5-17　三元催化转换器内部结构

3. 三元催化转换器的工作原理

三元催化转换器先利用铑做催化剂，将 NO_x 还原成无害的氮气(N_2)和二氧化碳(CO_2)。还原过程中所生成的 O_2，再加上三元催化转换器内由二次空气导管所导入的新鲜空气中的 O_2(有些车型才有)，以铂(Pt)或钯(Pd)做催化剂一起和 CO、HC 进行氧化反应，使其转变成无害的 CO_2 和 H_2O，这种还原—氧化的过程又称为二段式转化，如图 5-18 所示。

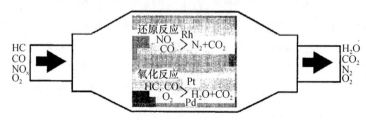

图 5-18　三元催化转换器内部的化学反应过程

4. 影响三元催化转换器转换效率的因素

三元催化转换器将有害气体转变成无害气体的效率受诸多因素的影响，其中影响最大的是混合气的浓度和排气温度。

装用三元催化转换器后，发动机的排气温度须在 300~815℃之间。发动机的排气温度过高(815℃以上)时，三元催化转换器的转化效率将明显下降。如果转换器太热时，加到转换器内的空气会使转换器损坏。这种情况下，电子控制单元(ECU)将使二次空气喷射系统停止向三元催化转换器提供空气。

三元催化转换器的转化效率与发动机可燃混合气的浓度也有关系。实验发现，当空燃比维持在 14.7:1 的标准混合气附近时，对废气中的有害气体 CO、HC 和 NO_X 的转换效率最佳，如图 5-19 所示。因混合气浓时，CO、HC 含量将增多，使转化效率降低；但若混合气稀，NO_X 的排量也会增加，亦将使转化的效率降低。

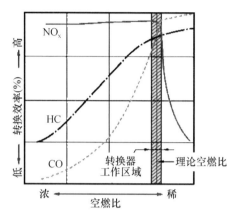

图 5-19　三元催化转换器的转化效率与可燃混合气的浓度的关系

5.5.2　空燃比的闭环控制

1. 闭环控制的工作原理

在装用三元催化转换器的汽车上，一般装用氧传感器检测废气中氧含量的变化，并将此信号送给电脑控制单元(ECU)后，判断实际进入气缸的混合气空燃比，再通过 ECU 与设定的目标空燃比进行比较，并根据误差修正喷油量。这就是所谓的发动机空燃比的闭环控制。ECU 将发动机空燃比尽可能地控制在理想值(14.7)附近，此时发动机燃烧完全，工作效率最高，三元催化转换效率也最高，即发动机工作时最省油，动力性最佳，污染排放量最少。

2. 闭环控制的条件

在装有氧传感器的电控燃油喷射发动机上，电控燃油喷射(EFI)系统并不是所有工况都进行闭环控制。在发动机起动、怠速、暖机、加速、全负荷、减速断油等工况下，发动机不可能以理论空燃比工作，仍采用开环控制方式。此外，氧传感器温度在 400℃以下、氧传感器或其电路发生故障时，也只能采用开环控制。电控燃油喷射系统进行开环控制还是进行闭环控制，由 ECU 根据相关输入信号确定。

5.5.3 OBD—Ⅱ系统对 TWC 转换效率的监控方法

三元催化转换器的开发应用对降低汽车排放物具有重要意义。但由于受发动机的技术状况、燃料和润滑油的质量、催化器工作温度等因素的影响,三元催化转换器容易发生热失活、化学中毒等现象,从而导致催化器转换效率的下降,直至失效。当三元催化转换器在老化或失效的状态下持续工作时,汽车污染物的排放将不能得到有效控制。为了向驾驶员及时发出汽车排放控制系统技术状况的信息,现在许多车上都安装了能监控发动机运行和催化转换器工作状况的车载诊断(OBD)系统。

目前的 OBD—Ⅱ系统中对三元催化转换器工作效率的监控主要采用的是双氧传感器法,即在位于催化转换器的下游处安装第二个氧传感器,通过它的信号与安装在催化转换器前面的氧传感器的正常信号的比较来评价催化转换器的工作情况。因为催化剂具有存储和释放氧的功能,当催化转换器工作正常时,上下游氧的浓度差值应该很大,此时上下游的氧传感器的输出电压信号相差很大,下游氧传感器的输出电压波形应是相当地平直,如图 5-20(a)所示。反之如果电压信号比较接近,如图 5-20(b)所示,下游氧传感器上出现了尖峰形波,则表示催化转换器已失去储存氧气的能力了,催化转换器的工作效率已经下降或者已经失效。

一般三元催化转换器的有效使用里程约为 8 万 km。

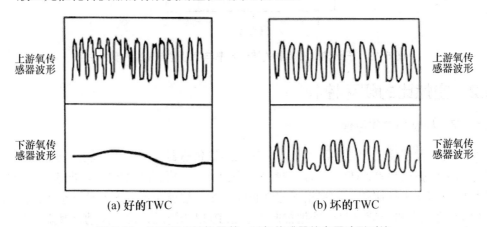

图 5-20 三元催化转换器前、后氧传感器的电压波形对比

5.5.4 三元催化转换器检测方法

1. 简单人工检查

通过人工检查可以判断三元催化转换器是否有损坏。用橡皮槌轻轻敲打三元催化转换器,听有无"咔啦"声,并伴随有散碎物体落下。如果有此异响,则说明三元催化转换器内部催化物质剥落或蜂窝陶瓷载体破碎,那么必须更换整个转换器。如果没有上述异响,应该检查三元催化转换器是否堵塞。三元催化转换器芯子堵塞是比较常见的故障,可以用下面两种方法进行。

(1) 检测进气歧管真空度法。将废气再循环(EGR)阀上的真空管取下,将管口塞住,避免产生虚假真空泄漏现象。将真空管接到进气歧管上,让发动机缓慢加速到 2500r/min。若真空表读数瞬间又回到原有水平(47.5~74.5kPa)并能维持 15s,则说明三元催化转换器没有堵塞。否则应该怀疑是三元催化转换器或排气管堵塞。

(2) 检测排气背压法。从二次空气喷射管路上脱开空气泵止回阀的接头,再在二次空气喷射管路中接一个压力表。在发动机转速为 2500r/min 时观察压力表的读数,此时读数应该小于 17.24kPa,如果排气背压大于或等于 20.70kPa,则表明排气系统堵塞。若观察三元催化转换器、消声器及排气管没有外伤,则可将三元催化转换器出口和消声器脱开后观察压力表读数是否有变化。若压力表显示排气背压仍然较高,则为三元催化转换器损坏;若压力表显示排气背压陡然下降,则说明堵塞发生在三元催化转换器出气口后面的部件上。

2. 怠速试验法检查

让发动机怠速运转,使用尾气分析仪测量此时的 CO 值。当发动机正常工作时(空燃比为 14.7:1),这时的 CO 典型值为 0.5%~1%,使用二次空气喷射和三元催化转换器技术可以使怠速时的 CO 值接近于 0,最大不应超过 0.3%,否则说明三元催化转换器损坏。另外,据经验分析,怠速时 NO_x 的排放量也能提供一些帮助。通常在怠速时三元催化转换器 NO_x 数值应不高于 100ppm,而在稳定工况下,NO_x 数值应不高于 1000ppm,在发动机一切正常的情况下,而 NO_x 过高,可以怀疑是三元催化转换器故障。

3. 快怠速试验法测量

让发动机处于快怠速运转状态,并用转速表测量快怠速是否符合规定值。用尾气分析仪测量发动机处于快怠速状态下尾气中的 CO 和 HC 含量。如果发动机性能良好,则 CO 值应该在 1.0%以下,HC 应该在 10ppm 以下。若两种数值都超标,则可临时拔下空气泵的出气软管,此时若 CO 和 HC 值不变,则可以判定 TWC 已损坏,若读数上升,而重新接上软管后又下降,则说明燃油喷射系统故障或是点火系统故障。

4. 稳定工况试验法

在完成基本怠速试验后进行稳定工况试验。按照规定接好汽车专用数字式转速表,使发动机缓慢加速,同时观察尾气分析仪上的 CO 和 HC 值,当转速加到 2500r/min 并稳定后,CO 和 HC 数值应有缓慢下降,并且稳定在低于或接近于怠速时的排放水平,否则怀疑是三元催化转换器损坏。这种方法不但能够对三元催化转换器是否有故障做出判断,还能有效地综合分析三元催化转换器在车辆行驶中的实际效能。这是因为三元催化转换器性能评价指标中有一项"空速特性检验",它表示了受反应气体在催化剂中的停留时间。性能差的三元催化转换器尽管在低空速(如怠速)时表现出较高的转化效率,但是在高空速(如实际行驶)时的转化效率是很低的,因而不能仅凭借怠速工况评价催化剂的活性是否正常。此外,在具体检测中,还需要注意三元催化转换器的空燃比特性。三元催化转换器在过量空气系数为 1 的附近时,转换效率最高,实际使用中就需要闭环电子控制燃油供给系统和氧传感器的配合。开环时由于无法给予精确的空燃比,转换效率仅有 60%左右,而闭环时平均转换效率可达 95%,因此,在对三元催化转换器有疑问时,也应该对电控系统和氧传感器进行相应检测。

5. 红外温度计测量法

红外温度计测量法是一种比较简单的测量方法。三元催化转换器在实际使用过程中，其出口管道温度比进口管道温度至少高出 38℃，在怠速时，其温度也相差 10%。但是若出口与入口处的温度没有差别或出口温度低于入口温度，则说明三元催化转换器没有氧化反应，此时应该检查二次空气喷射泵是否有故障，若没有故障，就说明三元催化转换器已经损坏。

6. 利用双氧传感器信号电压波形分析

目前，在许多发动机空燃比的反馈控制系统中，都安装两个氧传感器，分别装在三元催化转换器的前、后两端。这种结构在装有 OBD—Ⅱ代系统的汽车上，可以有效地检测三元催化转换器的性能。OBD—Ⅱ诊断系统改进了三元催化转换器的随车监视系统，安装在三元催化转换器后端的氧传感器电压波动要比安装在三元催化转换器前端的氧传感器电压波动少得多，如图 5-20(a)所示。这是因为运行正常的三元催化转换器转化 CO 和 HC 时消耗氧气。当三元催化转换器损坏时，其转换效率基本丧失，使前、后端的氧气值接近，此时氧传感器信号的电压波形和波动范围均趋于一致，因此，需要更换三元催化转换器。

5.6 燃油蒸发排放控制系统

5.6.1 燃油蒸发排放控制系统的作用及控制方式

1. 燃油蒸发排放控制系统的作用

燃油箱中的汽油会蒸发，为了防止燃油蒸气向大气排放而产生污染，在发动机控制系统中普遍采用了由 ECU 控制的燃油蒸发排放控制系统(Evaporative Emission Control System，EVAP)。燃油蒸发排放控制系统又叫汽油蒸气排放控制系统，其主要作用是将油箱中的汽油蒸气收集于活性炭罐中，并在发动机工作时，通过流经的空气将汽油蒸气送入进气管参与燃烧，以免汽油箱中的汽油蒸气直接排放到大气中而造成空气污染。

汽油蒸气应在发动机处于闭环控制时导入燃烧室燃烧，只有在闭环控制时才能针对因额外蒸气作用导致混合气变浓的情况调节喷油量。同时，还必须根据发动机工况，控制导入气缸内参加燃烧的汽油蒸汽量。

2. 燃油蒸发排放控制系统的控制方式

要使碳罐能随时收集汽油箱中蒸发的汽油蒸气，必须将碳罐中活性炭吸附的汽油蒸气及时"驱走"，同时，这部分气体进入进气管后，不应对发动机的正常工作造成影响。因此，需要对碳罐通气量进行控制。碳罐通气量控制有机械控制式和电子控制式两大类。

1) 机械控制式燃油蒸发排放控制系统

碳罐通气量机械控制方式如图 5-21 所示。碳罐通气量的大小取决于膜片式通气阀的开度，而膜片式通气阀的开度则由进气管(节气门处)的真空度控制。机械控制式的控制精度较低，碳罐通气量的控制不能适应发动机工况变化的需要，因此，这种控制方式在现代汽车上已很少使用。

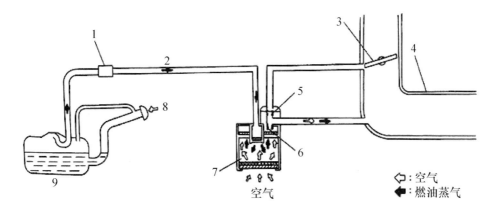

图 5-21　碳罐通气量机械控制方式

1—燃油蒸气单向阀；2—通气管；3—节气门；4—进气歧管；5—膜片式通气阀；
6—定量通气孔；7—活性炭罐；8—油箱盖；9—燃油箱

2) 电子控制式燃油蒸发排放控制系统

电子控制式燃油蒸发排放控制系统由 ECU 控制碳罐通气电磁阀来控制膜片式通气阀的开度，或者直接通过电磁阀来控制碳罐通气量。电子控制式可根据发动机的工况获得最佳的碳罐通气量控制。目前应用较多。

5.6.2　燃油蒸发排放控制系统的控制原理

燃油蒸发排放控制系统的控制原理框图如图 5-22 所示。

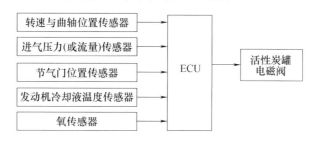

图 5-22　燃油蒸发排放控制系统的控制原理框图

ECU 根据发动机转速、空气流量、节气门位置、冷却液温度等传感器的信号判断发动机工况与状态，以确定是否需要通气或通气量的大小，并输出相应的控制脉冲，通过控制活性炭罐通气电磁阀的占空比来调节活性炭罐通气阀的开度，使流经活性炭罐的空气及时驱走汽油蒸气，以适应发动机工况、状态变化的需要，确保发动机正常工作。碳罐通气电子控制系统具体的控制过程如下。

1) 发动机转速变化时的碳罐通气量控制

ECU 根据发动机转速传感器获得发动机转速信号。当发动机在高转速时，ECU 输出控制脉冲使碳罐通气阀开度加大，以增加碳罐通气量，使碳罐中的燃油蒸气能及时净化掉。当发动机不工作(无转速信号)时，ECU 使碳罐通气阀关闭，碳罐无空气流通。

2) 发动机负荷变化时的碳罐通气量控制

ECU 根据进气管压力(或空气流量)传感器获得发动机负荷信号。当发动机负荷大时，ECU 输出控制脉冲使碳罐通气阀开度加大，用较大的通气量将碳罐中的燃油蒸气及时净化掉。当发动机处于怠速工况(节气门位置传感器提供发动机怠速信号)时，ECU 输出的控制脉冲使碳罐通气量减少，以免造成混合气过稀而使发动机怠速不稳。

3) 发动机温度低时的碳罐通气量控制

ECU 根据冷却液温度传感器获得发动机温度信号。当发动机温度低于 60℃时，碳罐通气阀完全关闭，使碳罐无空气流通，以避免影响发动机的工作。

4) 空燃比反馈碳罐通气量控制

ECU 根据氧传感器信号判断混合气空燃比状态。当氧传感器输出混合气过浓或过稀的电信号时，ECU 输出控制脉冲，及时调整碳罐通气阀的开度，以避免混合气过浓或过稀。

5.6.3 燃油蒸发排放控制系统的结构及工作原理

燃油蒸发排放控制系统主要由炭罐、炭罐真空控制阀、炭罐通气电磁阀、ECU 等组成。典型的电子控制式炭罐排放控制系统的结构组成如图 5-23 所示。

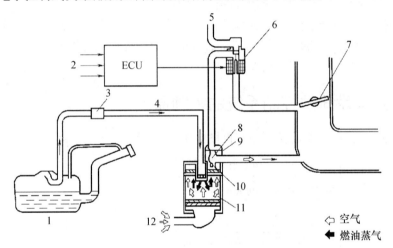

图 5-23 电子控制式碳罐排放控制系统结构组成

1—燃油箱；2—传感器信号；3—单向阀；4—通气管路；5—接进气缓冲器；6—碳罐通气电磁阀；7—节气门；8—主通气口；9—碳罐真空控制阀；10—定量通气小孔；11—碳罐；12—新鲜空气

1) 碳罐

碳罐中装有活性炭，活性炭可吸附燃油箱中的燃油蒸气，但这种物质吸附力不强，当有空气流过时，蒸气分子又会脱离，随空气一起进入进气管。

2) 碳罐真空控制阀

碳罐真空控制阀内部膜片的上部为真空室，其真空度由碳罐通气电磁阀控制。当真空度增大时，阀膜片向上拱，主通气口通气量增加。

3) 碳罐真空控制电磁阀

碳罐真空控制电磁阀的结构与工作原理与 EGR 电磁阀相似，其作用是根据 ECU 输出的占空比控制脉冲工作，调整碳罐真空控制阀真空室的真空度，以控制碳罐真空控制阀的开度。

发动机不工作时，燃油箱中的汽油蒸气通过单向阀进入活性炭罐上部，被活性炭吸附，避免使其排入大气，新鲜空气从碳罐下部进入清洗活性炭。当发动机工作时，ECU根据传感器信号判断发动机工况，并向电磁阀输出电流信号使电磁阀开启，调整活性炭罐真空控制阀的开度，使活性炭罐中的燃油蒸气通过碳罐真空控制阀及真空管进入发动机进气歧管内，再进入发动机气缸燃烧。

在部分电控燃油蒸发排放控制系统中，活性碳罐上不设真空控制阀，而将碳罐电磁阀直接装在活性碳罐与进气管之间的吸气管中，由碳罐电磁阀直接控制通气量，碳罐电磁阀受电控单元(ECU)控制，如图 5-24 所示。碳罐通气量由二通气口的开关式碳罐电磁阀控制，其结构与工作原理与开关电磁式怠速控制阀相似，电控单元通过占空比控制信号，控制碳罐通气电磁阀的开关比率，以此来控制通气量。

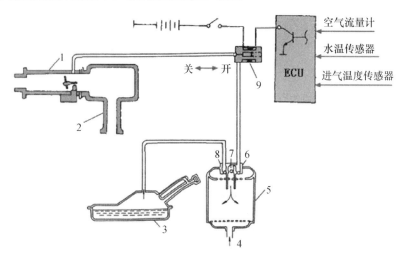

图 5-24　直接由电磁阀控制通气量的燃油蒸发排放控制系统

1—节气门体；2—进气缓冲室；3—燃油箱；4—新鲜空气；5—碳罐；6、7、8—单向阀；9—碳罐电磁阀

5.6.4　燃油蒸发排放控制系统的检测

对燃油蒸发控制系统的故障一般不能自行诊断，只能采用就车检测和单件检测方法。

1. 燃油蒸发排放控制系统就车检测

就车检测可按下述顺序进行。

(1) 将发动机预热至正常工作温度，并使之怠速运转。

(2) 拔下活性炭罐上的真空软管，检查软管内有无真空吸力。若燃油蒸发控制系统工作正常，在发动机怠速运转中电磁阀应关闭，真空软管内无真空吸力。如果此时真空软管内有真空吸力，则用万用表电压挡检查电磁阀线束连接器端子上是否有电压。若电磁阀线束连接器端子上有电压，说明微机有故障。若无电压，则说明电磁阀有故障，卡死在开启位置。

(3) 踩下加速踏板,当发动机转速大于 3000r/min 时,检查上述真空软管内有无真空吸力。若真空软管内有真空吸力,则说明该系统工作正常;若真空软管内无真空吸力,则用万用表电压挡检查电磁阀线束连接器端子上是否有电压。若电压正常,说明电磁阀有故障;若电压异常,则说明微机或控制线路有故障。

2. 燃油蒸发控制电磁阀的单件检测

1) 检查电磁阀电磁线圈的电阻值

拔下电磁阀线束连接器,用万用表"Ω"挡测量电磁阀电磁线圈的电阻值。电阻值应符合规定,否则应更换电磁阀。

2) 检查电磁阀的工作状况

拆下电磁阀,首先向电磁阀内吹气,电磁阀应不通气。然后将蓄电池电压加到电磁阀连接器的两端子上,并同时向电磁阀内吹气,此时电磁圈子应通气。如电磁阀的状态与上述情况不符,则电磁阀有故障,应更换。

思 考 题

1. EGR 系统的目的是什么?废气循环量与哪些参数有关?
2. 曲轴箱强制通风的目的是什么?
3. 二次空气喷射系统的实质是什么?
4. 三元催化转换器有何作用?为什么必须与氧传感器共同工作?
5. 燃油蒸发排放控制系统的作用是什么?由哪些部件组成?

第 6 章

发动机辅助控制系统

【知识目标】

掌握废气涡轮增压系统的结构及原理；认识可变进气系统的工作原理；了解可变配气相位控制的类型，理解可变气门正时及可变气门升程系统的结构和工作原理；了解巡航控制系统的组成和工作原理；熟悉电子节气门控制系统的组成及工作原理；了解故障自诊断系统的自诊断功能及自诊断原理；了解失效保护系统。

【技能目标】

能够分析废气涡轮增压系统的工作原理。

6.1 废气涡轮增压系统

废气涡轮增压系统的功能是根据发动机进气压力的大小，控制增压装置的工作，以达到控制进气压力，提高发动机动力性和经济性的目的。根据增压装置使用的动力源不同，增压装置分为废气涡轮增压和动力增压两种。目前大多采用废气涡轮增压。

6.1.1 废气涡轮增压系统的结构及原理

1. 废气涡轮增压系统的结构

废气涡轮增压系统主要由涡轮增压器、中冷器、执行器等组成，如图 6-1 所示。通过涡轮增压器(一种空气压缩机)压缩空气，由中冷器对压缩后的空气进行冷却。

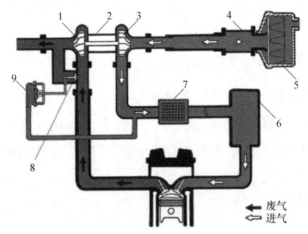

图 6-1 废气涡轮增压系统组成

1—涡轮；2—涡轮增压器；3—叶轮；4—空气流量计；5—空气滤清器；
6—进气室；7—中冷器；8—废气旁通阀；9—执行器

涡轮增压器由涡轮和叶轮组成，涡轮和叶轮分别装在涡轮室和增压室内，二者同轴钢性连接。涡轮室的进气口与排气歧管相连，排气口接在排气管上；增压室的进气口与空气滤清器管道相连，排气口接在通往进气歧管的进气管路上。

中冷器是涡轮增压系统的一部分。空气被高比例压缩后温度会升高，容积率反而降低。所以，增压后的空气在进入气缸前要对其进行冷却。原理是在发动机和涡轮增压器之间加装一个散热器(称作中央冷却器，简称中冷器)，结构类似于水箱散热器，将高温高压空气分散到许多细小的管道里，管道外有常温空气高速流过(有的采用循环水冷或冷却风扇)，达到降温的目的(可以将压缩空气的温度从 150℃降到 50℃左右)。因此采用中冷器对增压后的进气进行冷却，可以提高进气空气密度和进气效率，大大提高发动机功率的输出。同时，也降低了发动机压缩始点的温度和整个循环的平均温度，从而降低了发动机的排气温度、热负荷和 NO_x 排放。

废气涡轮增压系统采用执行器感知进气侧增压压力情况，再控制废气旁通阀的开启，使一部分废气绕过涡轮室直接排到排气管内，最终改变进气侧的增压压力。执行器内有膜片将之分隔成左右两个腔，膜片左侧受进气增压压力的作用，膜片右侧装有弹簧。膜片与废气旁通阀通过一根推杆连接。

2. 废气涡轮增压系统的工作原理

废气涡轮增压系统是利用发动机排出的废气作为动力来推动涡轮增压机内的涡轮，涡轮又带动同轴的叶轮，叶轮压缩由空气滤清器管道送来的新鲜空气，再送入气缸。当发动机转速加快，废气排出速度与涡轮转速同步加快，与涡轮同轴的叶轮转速也加快，空气压缩程度就得以加大，发动机的进气量也相应增加，发动机的输出功率便可增加。废气涡轮增压系统的工作过程如图 6-2 所示。随着叶轮转速的提高，当叶轮侧进气增压压力增加到足以克服执行器内的弹簧力时，推杆推动废气阀开启，一部分废气绕过涡轮经排气歧管直接排放出去，增压压力也随之下降，如图 6-2(b)所示。

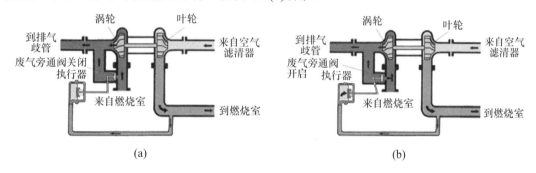

图 6-2　废气涡轮增压系统工作过程

可见增压压力的大小决定了膜片受压后的变形量，进而决定了废气旁通阀的开度、废气旁通量的多少，最终使增压压力发生改变，这就是一个闭环控制过程。

一台发动机装上涡轮增压器后，其输出的最大功率与未装增压器的相比，可提高大约 40%甚至更多。这意味着一台小排量的发动机经增压后，可以产生与较大排量发动机相同的功率。所以，废气涡轮增压系统的最大优点是在不增加发动机排量的基础上，可大幅度提高发动机的功率。但凡事有利就有弊，涡轮增压也不例外。发动机在采用废气涡轮增压技术后，工作中产生的最高爆发压力和平均温度将大幅度提高，从而使发动机的机械性能、润滑性能都会受到影响，而且还会提高进气温度。

6.1.2　电控废气涡轮增压系统的原理

电控废气涡轮增压系统的组成如图 6-3 所示。电控废气涡轮增压的控制对象就是增压压力，通过执行器控制废气阀的开启来将一部分废气直接排入排气管，绕过涡轮，推动涡轮的动力减小，涡轮转速降低，涡轮增压作用也就减小了，从而调节了进气侧的增压压力。

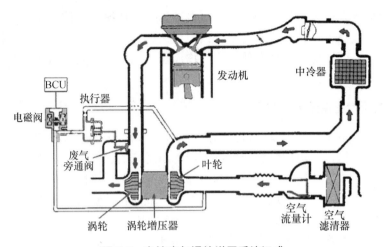

图6-3 电控废气涡轮增压系统组成

有些汽油机废气涡轮增压系统按照使用的汽油类型差别(优质汽油和普通汽油),分为两种工作形式,如图6-4所示。当采用普通汽油时,进气增压压力应低些,防止发生爆燃;当采用优质汽油时,进气增压压力应高些。

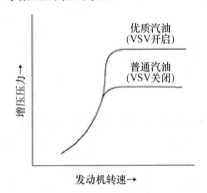

图6-4 汽油类型对电控废气涡轮增压的影响

为保证发动机在不同转速下及工况下都得到最佳增压值,并防止发动机爆燃,同时限制热负荷,对涡轮增压系统常采用增压控制与爆燃控制相结合的控制方法。

在 ECU 的存储器中,存储着发动机增压特性的有关数据。发动机工作时,ECU 根据增压压力等传感器输入的信号,可以确定实际进气增压压力,然后将实际进气压力与存储的理论值进行比较。若实际值与理论值不相符合,ECU 则输出控制信号,对增压压力电磁阀进行控制,改变废气旁通阀的压力,使废气旁通阀开度改变,来调节涡轮增压器中涡轮的转速。

当发动机出现爆燃时,ECU 根据传感器输入的爆燃信号,减小点火提前角,同时降低增压压力。当爆燃消失时,再增加点火提前角和进气压力。

电控废气涡轮增压系统的工作过程如图6-5所示。

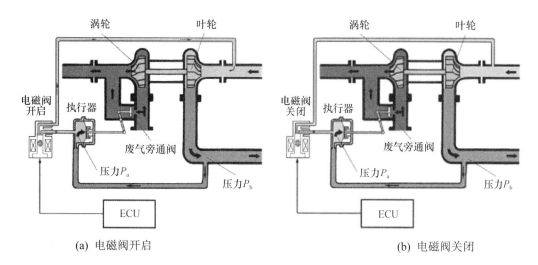

图 6-5 电控废气涡轮增压系统工作过程

如图 6-5(a)所示，当电磁阀开启时，执行器内的受压空气经开启的电磁阀溢出到叶轮侧的进气管内，此时执行器内的受压气体压力 $P_a<P_b$，执行器内的膜片受压变形减小，废气旁通阀开度也相应减小，废气绕过涡轮的旁通量减少，增压压力上升。

如图 6-5(b)所示，当电磁阀关闭时，受叶轮增压的气体直接作用在执行器的膜片上，膜片受压变形增大，废气旁通阀开度也相应增大，废气绕过涡轮的旁通量增多，增压压力下降。

在对废气涡轮增压系统进行检测时，主要应检查进气室和真空管路有无漏气，真空开关阀电路有无短路或断路，真空开关阀的电阻是否符合标准，并视情维修或更换损坏的元件。

6.2 可变进气系统

车用发动机在实际运行中大多处于中、低转速部分负荷，因此现代汽油机技术的一个主要目标就是提高部分负荷的性能，在满足高功率的同时，保证中低速、中小负荷的动力性和经济性，避免出现转矩低谷。自然进气的现代汽油发动机利用可变进气系统(Variable Intake System，VIS)，针对不同工况对进气形式的不同需求，实现高负荷时多进气，低的进气涡流强度，低负荷时少进气，高的进气涡流强度，就可兼顾高、低速的不同工况，以达到提高低、中转速及高转速时的转矩目的。

可变进气系统有三种控制方式：可变进气管长度控制、进气谐波控制、进气节流控制。

6.2.1 可变进气管长度控制

1. 可变进气管长度控制的基本原理

可变进气管长度也称为可变进气惯性，其结构原理如图 6-6 所示。实际上是在进气总管和进气歧管之间设计一个转化阀,在低速时,转化阀关闭,进气气流通过较长的进气歧管,利用气流惯性来提高充气效率,且扭矩增大;在高速时,转化阀开启,进气气流通过较短的进气歧管,提高高速时的充气效率。

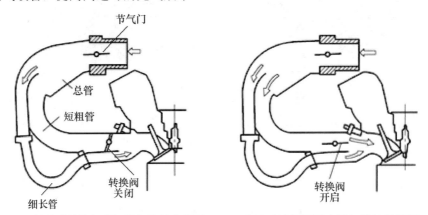

(a) 低速时转换阀关闭进气管长度增长　　(b) 高速时转换阀开启进气管长度缩短

图 6-6　可变进气管长度控制原理

2. 日产汽车可变进气管长度控制系统

日产汽车采用的可变进气管长度控制系统的组成如图 6-7 所示,ECM 根据发动机转速信号、空气流量信号控制三通电磁阀的通断,调节膜片式执行器的真空度,操纵转换阀改变进气管道长度。

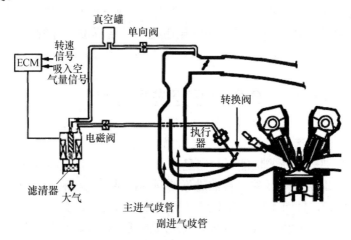

图 6-7　日产汽车可变进气管长度控制系统组成

当发动机起动后怠速或中速(如小于 3000r/min)运转时,ECM 控制三通电磁阀通电,电磁阀内的柱塞在电磁吸力作用下克服回位弹簧的弹力下移,将来自于真空罐的真空送往膜片式执行器的上腔,执行器内的膜片下腔(通大气)与上腔(通真空)的压力差克服膜片弹簧的压力,膜片上移,通过拉杆使转换阀关闭,如图 6-6(a)所示,进气气流通过较长的进气歧管。

当发动机高速(3000r/min 及以上)运转时,ECM 控制三通电磁阀不通电,电磁阀内的柱塞在回位弹簧弹力的作用下回位，使执行器的膜片上腔与大气相通，在膜片回位弹簧的作用下，膜片下移，通过拉杆使转换阀开启，如图 6-6(b)所示，进气气流通过较短的进气歧管。

3. 福特汽车可变进气管长度控制系统

如图 6-8 所示为福特汽车采用的可变进气控制系统(Variable Induction Control System，VICS)，以发动机 4800r/min 的转速为控制阀关闭或打开的切换点，可改变进气室与进气歧管间的路径长度，利用控制阀的闭、开，可得到较高的转矩及较宽的转矩带，如图 6-9 所示。

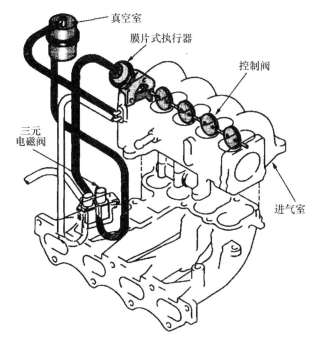

图 6-8 福特汽车采用的可变进气控制系统

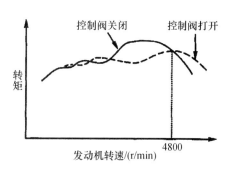

图 6-9 转矩与控制阀开度之关系

6.2.2 进气谐波控制

1. 进气谐波增压基本原理

在发动机工作过程中，进气歧管内不断地有高速流动的空气(或混合气)流。当气体高速流向进气门时，如果进气门突然关闭，进气门附近的气体流动将会突然停止，但由于惯性，仍有气体继续冲进进气管内，于是进气门附近的气体便被压缩，压力升高。当流动气体的惯性过后，被压缩的气体开始膨胀，向着进气流相反的方向流动，进气门附近的压力开始下降。膨胀气体的压力传到进气管口时，又被反射回来，从而在进气管内形成一定的压力波，称之为进气谐波。进气谐波对可燃混合气(或空气)在各缸分配的均匀程度有着重大的影响，会形成进气干涉。但如果使这一脉动压力波与进气门的开闭相配合，被反射的压力波集中于将要打开的进气门旁，进气门打开时就会有增压进气的效果。进气谐波增压控制系统正是根据这一原理制造而成的。

进气谐波的波长与进气管道的长度有着密切的关系，进气管道越长，则波长越长，进气管道越短，则波长越短。大量实践证明，压力波越长，越有利于发动机在中低速范围内提高功率。而压力波越短，则越有利于发动机在高速时提高功率。

2. 丰田汽车进气谐波控制系统

丰田 2JZ—FE 发动机进气谐波控制系统如图 6-10 所示。由于进气管道的长度是不可改变的，为了达到兼顾发动机低速和高速时谐波进气增压的效果，在丰田 2JZ—FE 发动机进气系统中设置有一大容量空气室，空气室与进气管道在发动机工作过程中不断地接通与切断，从而改变了进气通道的长度。大容量空气室是否参与进气，受进气控制阀的控制。进气控制阀的开启由真空电磁阀控制真空系统的通断而控制。

当进气室出口的控制阀关闭时，进气管道内脉动压力波的传递路线由空气滤清器到进气门，由于这一距离较长，波长较大，因此适应发动机在中低速区域内形成气体动力增压效果。当空气室阀门打开时，由于大容量空气室的参与，使进气脉动压力波只能在空气室出口与进气门之间传播，这样便缩短了压力波的传递距离，使发动机在高速区也能得到较好的气体动力增压效果。

发动机工作时，ECM 根据发动机转速和节气门位置信号控制真空电磁阀的开闭，从而控制真空罐内的真空经过电磁阀通往膜片执行器的真空气室内，驱动膜片执行器的动作，控制进气控制阀的开启和关闭。

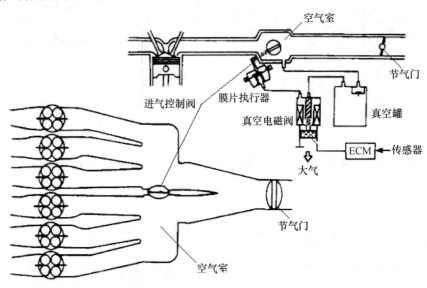

图 6-10　丰田 2JZ—FE 发动机进气谐波控制系统组成

当发动机低速运转时，ECM 根据传感器信号控制真空电磁阀开启，真空罐内的真空通过真空电磁阀进入膜片执行器真空气室内，膜片执行器内膜片受真空吸力的作用，驱动进气控制阀关闭，大容量空气室与进气管道切断，进气歧管的通道变长，如图 6-11(a)所示。这一变化延伸了进气歧管的有效长度，改善了进气效率，提高了发动机在低—中转速范围内的扭矩输出。

当发动机高速运转时，ECM 根据传感器信号控制真空电磁阀关闭，真空罐内的真空不能经真空电磁阀进入膜片执行器真空气室内,膜片执行器内膜片回位,进气控制阀开启,大容量空气室与进气管道接通,进气歧管的通道变短,如图 6-11(b)所示。这样缩短了压力波的传递距离,以提高高转速范围内的功率输出。

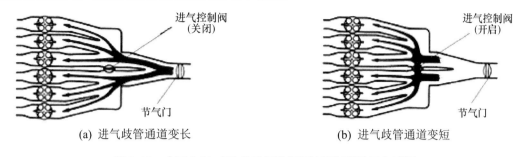

图 6-11　丰田 2JZ—FE 发动机进气谐波控制系统工作过程

3. 奥迪汽车进气谐波控制系统

奥迪 A4 汽车采用的可变进气谐波控制系统如图 6-12 所示,这种可变进气系统有两条不等长的进气歧管,控制阀也是装在短进气歧管上,其工作过程如图 6-13 所示。

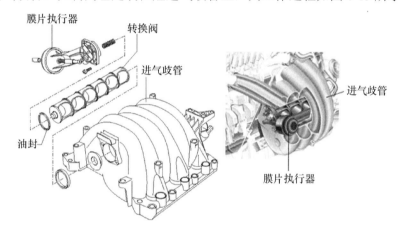

图 6-12　奥迪 A4 汽车可变进气谐波控制系统

当发动机低转速运转时,ECU 根据传感器信号控制真空执行器动作,使转换阀关闭,进气歧管通道变长,波长较大,进气歧管的固有频率得以降低,如图 6-13(a)所示。因此适应于发动机在中低速区域内形成气体动力增压效果。这一变化改善了进气效率,提高了发动机在低—中转速范围内的扭矩输出,如图 6-13(c)所示。

当发动机高转速运转时,ECU 根据传感器信号控制真空执行器动作,使转换阀开启,进气歧管通道变短,如图 6-13(b)所示。这样缩短了压力波的传递距离,使发动机在高速区也能得到较好的进气增压效果,以增加高转速范围内的功率输出,如图 6-13(d)所示。

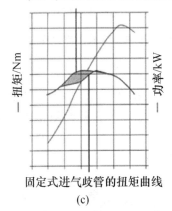
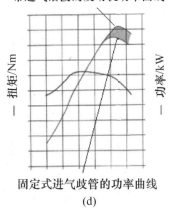

图 6-13 奥迪 A4 汽车可变进气谐波控制系统工作过程

6.2.3 进气节流控制

进气节流控制也称为可变进气歧管截面控制，进气节流控制是在各个进气歧管中均设计一个阀门，通过一根轴联动，阀门的打开改变的是进气歧管的截面积，低速时，阀门适当关闭一些，相当于缩减了进气通道的截面积，以此提高进气气流强度。但是高速大进气量时必须打开，否则会影响进气，造成发动机高速动力不足。

1. 大众汽车公司可变进气歧管横截面积的可变进气系统

1) 大众汽车可变进气系统组成

大众迈腾可变进气系统(VIS)属于改变进气歧管横截面积的类型，主要由真空泵(叶片式)、VIS 电磁阀、VIS 执行器(膜片式)、进气歧管翻板总成、进气歧管翻板电位计及真空连接管路等组成，如图 6-14 所示。

真空泵由排气凸轮轴直接驱动，属于叶片式结构，发动机工作时真空泵为 VIS 系统及制动助力等提供稳定的真空源。

VIS 电磁阀上有两个气管路连接接头，分别与 VIS 执行器及真空泵连接，还有与大气相通的滤清器。如图 6-15 所示，发动机 ECU 通过控制 VIS 电磁阀，实现通往 VIS 执行器的气源的改变(是供给来自于滤清器的大气还是供给来自于真空泵的真空)。当 VIS 电磁阀不通电时，接 VIS 执行器的管路通过滤清器与大气相通，而与接真空泵的管路切断。当 VIS 电磁阀通电时，接 VIS 执行器的管路与大气切断，转而与接真空泵的管路接通，将真空泵产生的真空作用在 VIS 执行器上，通过拉杆及转轴摇臂使进气翻板转动打开。

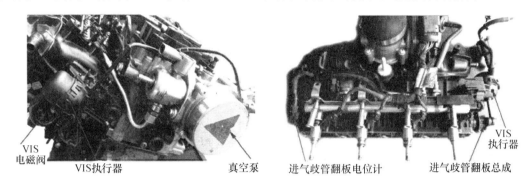

图 6-14　迈腾汽车可变进气歧管横截面积的可变进气系统组成

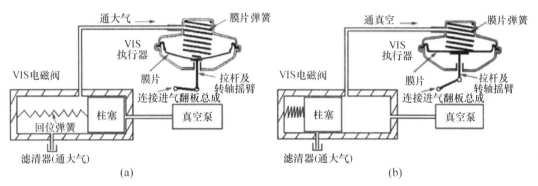

图 6-15　可变进气系统工作原理

VIS 执行器为常见的真空膜片式结构，通过膜片分成上、下两个腔。上腔通过真空管与 VIS 电磁阀连接，下腔通大气。膜片上装有一个与膜片联动的拉杆，拉杆的另一端与进气翻板总成的转轴摇臂相连接，膜片的上端有一个膜片弹簧，起到翻板总成回位的作用。

气缸盖的每个进气道被进气翻板分成两部分，如图 6-16 所示。下半部分由进气翻板控制，当进气翻板关闭时，进气翻板将进气道的下半部分关闭，利用上半部分进气；当进气翻板打开时，进气道的上半部分、下半部分同时进气。另外，在进气翻板总成的最前端同轴设置了进气歧管翻板电位计，向发动机 ECU 提供进气翻板的开度信号。

图 6-16　进气道及进气翻板

2) 大众可变进气系统工作原理

大众公司生产的缸内直喷发动机为均质燃烧，发动机电控单元对 VIS 三通电磁阀采用开关式的 VIS 三通电磁阀控制。用示波器测量 VIS 三通电磁阀 2 号端子的电压波形，发动机怠速运转时，电压波形为一条电源电压的直线，加油门在发动机转速达到 3000r/min 左右时，电压波形变为一条接近 0V 的直线，收油门在发动机转速降到 3000r/min 时，电压波形又变为一条电源电压的直线。上述实验数据说明，当发动机转速达到 3000r/min 时，VIS 三通电磁阀通电，将来自于真空罐的真空送往 VIS 膜片式执行器，使进气翻板打开。

当发动机着火后怠速运转或发动机转速小于 3000r/min 时，发动机电控单元 ECU 控制 VIS 三通电磁阀不通电，电磁阀内的柱塞在回位弹簧的作用下右移，此时 VIS 三通电磁阀将接 VIS 膜片式执行器的膜片上腔通过滤清器与大气相通，VIS 执行器膜片的上、下腔都通大气，在膜片上端膜片弹簧的作用下，膜片下移，拉杆及转轴摇臂向下摆动，使进气翻板关闭，如图 6-15(a)所示，缸盖进气道的下半部分被堵死，增压中冷并经节气门计量后的空气只能通过缸盖进气道的上半部分进入燃烧室。

当发动机转速达到 3000r/min 及以上时，发动机电控单元 ECU 控制 VIS 电磁阀通电，电磁阀内的柱塞在电磁吸力作用下克服回位弹簧的弹力左移，VIS 电磁阀将来自于真空泵的真空送往 VIS 执行器的上腔，VIS 执行器内的膜片下腔(通大气)与上腔(通真空)的压力差克服膜片弹簧的压力，膜片上移，通过拉杆及转轴摇臂，使进气翻板打开，如图 6-15(b)所示，缸盖进气道的上部分及下部分都允许空气进入。当发动机熄火后，VIS 电磁阀断电，进气翻板又将关闭。

2. 丰田汽车可变进气道式的可变进气系统

丰田汽车采用的可变进气系统(TOYOTA Variable Induction System，T—VIS)，系可变进气道式，这种可变进气系统控制方式是在两个进气道的其中一个装上控制阀，其系统组成如图 6-17 所示。

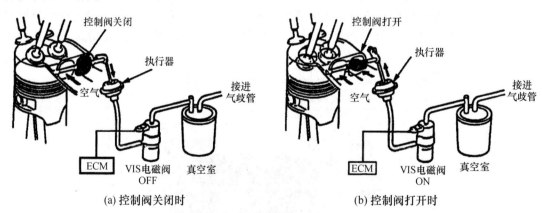

(a) 控制阀关闭时　　　　　　　　　(b) 控制阀打开时

图 6-17　丰田汽车可变进气道式的可变进气系统组成

当发动机中、低速运转时，ECM 控制 VIS 电磁阀不通电，VIS 执行器的膜片下移，使控制阀关闭，如图 6-17(a)所示，其中一个进气口被堵死，空气只能通过另一个进气口进入燃烧室，缩小了进气口截面积。

当发动机高速运转时，ECM 控制 VIS 电磁阀通电，电磁阀内的柱塞在电磁吸力作用下克服回位弹簧的弹力左移，VIS 电磁阀将来自于真空泵的真空送往 VIS 执行器的上腔，VIS 执行器的膜片上移，使控制阀打开，如图 6-17(b)所示，两进气口都允许空气进入，增大了进气口截面积。当发动机熄火后，VIS 电磁阀断电，控制阀又将关闭。

发动机转速与控制阀开、闭的关系曲线如图 6-18 所示。这种控制方式可以提高低转速时的转矩，同时也不会影响四气门发动机在高转速时高输出的特性。

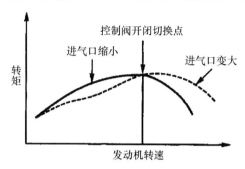

图 6-18　发动机转速与控制阀开、闭的关系曲线

6.3　可变配气相位控制系统

在普通的发动机上，进气门和排气门的开闭时间是固定不变的，这种固定不变的气门正时很难兼顾到发动机不同转速的工作需求，可变配气相位技术可解决这一矛盾。

可变配气相位控制系统要求发动机工作时，配气相位角大小可以根据转速和负载的不同进行调节，高、低转速下都可以获得理想的进气量，从而提升发动机燃烧效率。在低速和怠速工况下，改善发动机扭矩输出，而高速下则提高进气效率，以增加发动机的输出功率。

可变配气相位技术包括可变气门正时技术和可变气门升程技术两大类。日产汽车公司的 VTC 设计，是在一定的作用条件时，使进气门提早打开，发动机可在较低转速时产生较高转矩，可变气门正时只有一段变化。而丰田汽车公司的 VVT—i 设计与宝马汽车公司的 VANOS 设计，均为连续可变气门正时系统，气门开度即升程是一定的，但气门开闭时间随发动机转速与负荷而连续可变，可达到省油、怠速稳定、提高转矩、增大动力输出及减少排气污染的目的。本田汽车公司的 VTEC 设计，系可变气门正时与升程系统，其气门打开的升程可变，但气门升程改变是分段式的，最多可分成三段，同样可达到低转速时省油、稳定、转矩提高，及高转速时增大动力输出的目的。丰田汽车公司的 VVTL—i 是在原来的 VVT—i 发动机的凸轮轴上加了可以切换大小不同角度的凸轮，利用"摇臂"机构来决定是否顶到高角或小角度的凸轮，从而做到"可连续式"地改变发动机的正时相位与"两段式"的气门升程。

6.3.1　可变气门正时

发动机可变气门正时(Variable Valve Timing，VVT)是近些年来被逐渐应用于现代轿车上的新技术中的一种，发动机可变气门正时的原理就是根据发动机的运行情况，调整进气量和排气量，控制气门开合的时间和角度，使进入的空气量达到最佳，从而提高燃烧效率，使发动机的扭矩和功率可以得到进一步提高。

可变气门正时可分为：①连续可变气门正时和不连续可变气门正时；②进气可变气门正时和进排气双可变气门正时。简单的可变配气相位 VVT 只有两段或三段固定的相位角可供选择，通常是 0°或 30°中的一个。更高性能的可变配气相位 VVT 系统能够连续可变相位角，根据转速的不同，在 0°～30°之间线性调控配气相位角。显而易见，连续可变气门正时系统更适合匹配各种转速，因而能有效提高发动机的输出性能，特别是发动机的输出平顺性。

1. 日产汽车可变气门正时控制 VTC

日产汽车可变气门正时技术仅改变进气门的气门正时，称为气门正时控制(Valve Timing Control，VTC)。主要由进气凸轮轴前端之控制器总成、气门正时控制电磁阀、ECM 及各传感器构成，其结构组成如图 6-19 所示。

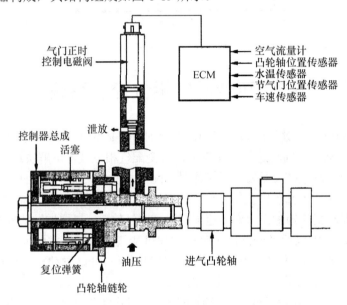

图 6-19 日产汽车可变气门正时控制(VTC)结构组成

ECM 根据各传感器信号，控气门正时控制电磁阀 OFF 或 ON。当电磁阀 OFF 时，电磁阀打开，油压从电磁阀泄放，进气门正常时间开闭，由于气门重叠角度最小，故怠速平稳；且由于进气门较晚关闭，故较高转速时充气效率高。当电磁阀 ON 时，电磁阀关闭，油压进入控制器，使进气凸轮轴位置改变，进气门提前打开，延迟关闭，在较低转速时，即可得到较高转矩。

2. 宝马汽车公司可变凸轮轴控制 VANOS

宝马汽车公司可变气门正时技术采用可变凸轮轴控制(Variable CamshaR Contrl，VCC)，为连续可变气门正时系统。目前宝马汽车的新 3 系列及其他系列汽车均已陆续采用 Double VANOS，为双可变凸轮轴控制，即进、排气凸轮轴均有 VANOS 装置，进气门的可变角度达 40°，而排气门为连续可变，它由正时链条、链轮、凸轮轴调整器、进气凸轮轴、排气凸轮轴和凸轮轴调节电磁阀等组成，如图 6-20 所示。凸轮轴调整器工作情况如图 6-21 所示。

第6章　发动机辅助控制系统

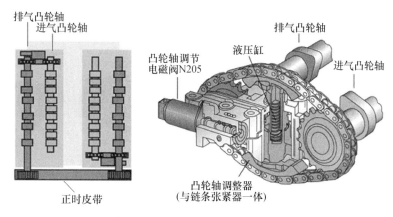

图 6-20　宝马汽车可变凸轮轴控制 VANOS 装置结构

(1) 驱动端(固定端)是排气凸轮轴，在正时皮带的驱动下顺时针转动，不可逆转，相对进气凸轮轴而言为"固定端"。它通过链条拉动进气凸轮轴进行顺时针旋转，驱动气门开闭。

(2) 自由端(浮动端)为进气凸轮轴，它不仅在排气凸轮轴的链条拉动下顺时针旋转，也可在凸轮轴调整器上下伸长时，转动一个 θ 角。

(3) 当发动机高速运转时，凸轮轴调整器上升，链条上升，如图 6-21(a)所示。进气门即晚开、晚关，充分利用流体惯性，提高充气效率，使发动机在高速时输出大功率。

(4) 当发动机低速运转时，凸轮轴调整器下降，链条下降，拉动进气凸轮轴顺时针转动一个 θ 角，如图 6-20(b)所示。进气门早关，使发动机在中、低速时输出大扭矩。

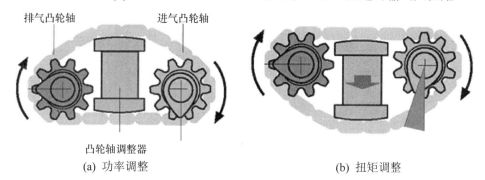

图 6-21　凸轮轴调整器工作情况

(5) 调节开始点多为 1000r/min，低速运转时气流惯性小，进气门早开、早关，为大转矩区段，适于一般行驶工况；高速运转时气流惯性大，进气门晚开、晚关，为大功率区段，适于高速行驶工况。

(6) 电脑 ECU 根据发动机转速信号 SP，通过电磁控制阀上的滑阀，使润滑系统的主油道油压驱动调节器中的控制活塞动作，使弧形滑板分别上升或下降，进气凸轮轴即转动一个 θ 角，改变了气门的开闭时间。

(7) V6 发动机可变气门正时机构分左右两排，一个正时皮带驱动左右两排的排气凸轮轴，左右两侧调节器一前一后安装，其液压操纵的方向相反，但原理相同。当发动机转速达到调节开始点转速(1000rpm 以上)时，进气凸轮轴被转一个角度，左侧凸轮轴调整器向下，右侧调整器向上运动，进气门提前关闭，如图 6-22(a)所示。在这个位置时，中、低转速可获得大扭矩输出。当发动机转速在 3700rpm 以上时，左侧凸轮轴调整器向上，右侧调整器向下运动，进气门延迟关闭，如图 6-22(b)所示。进气管内进气流速高，气缸充气量足。因此高转速时，可获得大功率输出。

(a) 扭矩调整　　　　　　　　　　　(b) 功率调整

图 6-22　V6 发动机可变气门正时机构工作原理

凸轮轴调节电磁阀控制凸轮轴调整器中液压缸的油路，而凸轮轴调节电磁阀由 ECU 通电控制，其结构如图 6-23 所示。链条张紧器上下弧形滑板利用其筒孔套装在一起，各由其弹簧上下张开，使链条有一定的预紧度。发动机工作后，润滑系主油道的油压又通过止回阀进入筒内，推动上下滑板产生张紧力，保证链条机构可靠地工作。下弧形滑板筒上有控制活塞，在液压作用下能上下移动，可分别对正时链条产生推力，能改变进气凸轮轴相对于排气凸轮轴的角度值，产生"提前"或"迟后"的调节力。

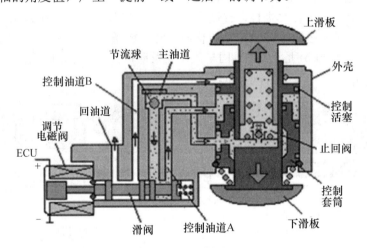

图 6-23　凸轮轴调整器及凸轮轴调节电磁阀的结构

调节电磁阀线圈的电阻值在 10～18Ω 之间，控制滑阀轴向移动，滑阀上有 4 道隔墙，转换控制油道，产生"提前"或"迟后"调节力。滑阀的中间隔墙上有一沟槽，使滑阀微量轴移，即产生"封闭"或"沟通"作用。主油道进油口处有节流球，可使控制油压柔和地变化。回油道孔在滑阀末端隔墙内，保证 B 油道在不"提前"时泄油；"提前"时又封闭回油道。

当发动机转速低于 1000r/min 时，ECU 控制电磁阀不通电，滑阀使 A 油道与主油道相通，控制油压即作用在控制活塞的下方，推动控制活塞向上运动，使上部链条变长，进气凸轮轴即反向转动一定角度 θ，进气门早开角度变小，进气门和排气门的重叠角变小，防止发动机回火，使之低速运转平稳。

当发动机转速高于 1000r/min 时，ECU 控制电磁阀通电，电磁吸力使滑阀右移，沟通 B 油道和主油道，控制油压即作用在控制活塞的上方，推动控制活塞向下运动，使下部链条变长,进气凸轮轴即正向转动一定角度 θ,进气门早开角度变大,进气门和排气门的重叠角变大,废气排出率加大,提高了发动机输出转矩值。

当发动机转速高于 3600r/min 时,ECU 控制电磁阀又断电,调节工作结束,进气门又回到不提前的位置,晚开和晚关角度加大,可利用气体的惯性能量提高功率值。

3. 丰田汽车智能可变气门正时 VVT—i

丰田汽车智能型可变气门正时(Variable Valve Timing—intelligent,VVT—i),为连续可变气门正时系统,其首先应用于高级轿车 LEXUS 上,目前国产化的 COROLLA 及 CAMRY 也已开始采用。排气量不同的发动机,进气门的开启度数会有不同变化。

VVT-i 的设计理念与 VANOS 相同,都是移动凸轮轴的位置,以改变气门正时与气门重叠角度,只是移动凸轮轴的机构不同。VVT-i 的气门正时连续可变,是只针对进气门设计的,如图 6-24 所示,排气门的气门正时是固定的。气门正时虽然连续可变,但气门升程是固定的。

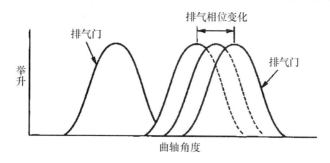

图 6-24 丰田汽车 VVT-i 可变气门正时变化

1) VVT-i 系统的组成与功用

VVT-i 系统主要由 VVT-i 控制器、凸轮轴正时机油控制阀、凸轮轴位置传感器、曲轴位置传感器等组成,如图 6-25 所示。ECM 根据发动机转速和负荷等传感器信号来控制凸轮轴调整机构的机油压力,从而改变进气门和排气门的开启和关闭时刻。

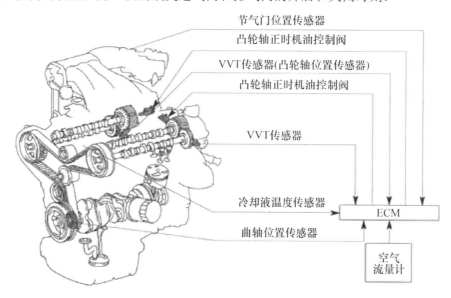

图 6-25 丰田智能可变气门正时系统(VVT—i)组成

(1) VVT-i 控制器。

VVT-i 控制器装在进气凸轮轴前端，凸轮轴正时油压控制阀装于其侧端。VVT—i 执行器(Actuator)的构造如图 6-26 所示，叶片与进气凸轮轴固定在一起，在外壳内，因油压的作用，叶片可在一定角度内旋转，带动进气凸轮轴一起旋转，达到进气门正时之连续不同变化；另外锁定销右侧有油压送入时，柱塞克服弹簧力量向左移，与链轮盘分离，故叶片可在执行器内左右移动；但无油压进入时，柱塞弹出，叶片与链轮盘及外壳等联结成一体转动。

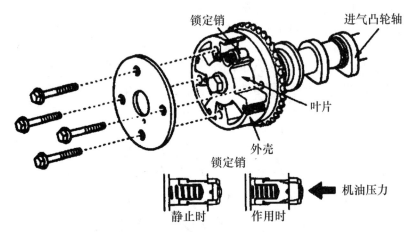

图 6-26　VVT-i 控器装的结构

(2) 凸轮轴正时机油控制阀。

凸轮轴正时机油控制阀的结构如图 6-27 所示。凸轮轴正时机油控制阀是由发动机 ECM 进行占空比控制的，用于控制滑阀位置和分配 VVT-i 控制器流到提前侧或延迟侧的油压。发动机停止时，进气门正时处于最大延迟角度位置。

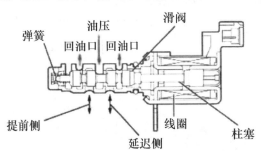

图 6-27　凸轮轴正时机油控制阀结构

(3) 凸轮轴/曲轴位置传感器。

VVT-i 系统利用曲轴位置传感器和 VVT 传感器(凸轮轴位置传感器)来感知凸轮轴转动变化量，来获知凸轮轴转动方向以及转动量。

2) VVT-i 系统的工作原理

丰田智能可变气门正时系统(VVT-i)原理框图如图 6-28 所示。ECM 接收各传感器信号，经由修正及气门正时实际值的反馈，确立气门正时目标值，以占空比的方式控制凸轮轴正时油压控制阀，改变油压的方向或油压的进出，达到使进气门正时提前、延后或固定之目的。

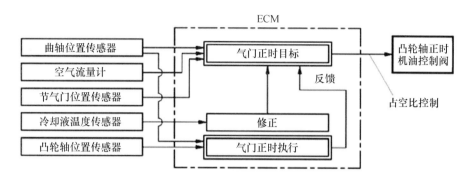

图 6-28 丰田智能可变气门正时系统原理框图

当由发动机 ECM 发送给凸轮轴正时机油控制阀的占空比变大(>50%)时，阀位置处于如图 6-29(a)所示位置，油压作用于气门正时提前侧的叶片室，使进气凸轮轴向气门正时的提前方向旋转。

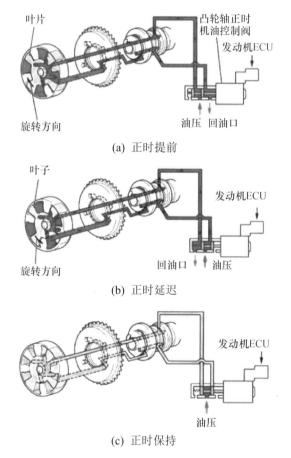

图 6-29 丰田智能可变气门正时系统的工作过程

当由发动机 ECU 发送给凸轮轴正时机油控制阀的占空比变小(<50%)时，阀位置处于如图 6-29(b)所示位置，油压作用于气门正时延迟侧的叶片室，使进气凸轮轴向气门正时的延迟方向旋转。

发动机 ECU 根据各传感器的信息进行处理，并计算出气门正时角度，当达到目标气门正时以后，凸轮轴正时机油控制阀通过关闭油道来保持油压。如图 6-29(c)所示是保持现在的气门正时的状态。

6.3.2 可变气门升程

发动机的气门升程是受凸轮轴转角长度控制的，在普通的发动机上，凸轮轴的转角长度固定，气门升程也是固定不变的。赛车发动机采用长升程设计，以获得高转速时强大的功率输出，但在低转速时会工作不稳；普通民用车则采用兼顾高低转速的气门升程设计，但会在高转速区域损失动力。而采用可变气门正时升程(Variable Valve Timing & Lift，VVTL)控制的发动机，气门升程能随发动机转速的改变而改变。在高转速时，采用长升程来提高进气效率，让发动机的呼吸更顺畅；在低转速时，采用短升程，能产生更大的进气负压及更多的涡流，让空气和燃油充分混合，进而提高低转速时的扭矩输出。

1. 丰田汽车智能可变气门升程系统(VVTL—i)

基于 VVT 机构，VVTL 采用凸轮转换机构，从而使发动机在不同的转速工况下由不同的凸轮控制，及时调整进气门和排气门的升程和开启持续时间。为了提高发动机转速和获得更高的输出率，可变气门升程系统对气门开启和关闭时刻进行了优化，大大提高了燃油经济性。丰田汽车智能可变气门升程系统(Vaffable Valve Timing & Lift—intelligent，VVTL—i)如图 6-30 所示，当发动机低-中转速时，由凸轮轴上的低—中速凸轮驱动摇臂，使进、排气门动作。一旦发动机高转速运行时，来自传感器的信号使 ECU 控制机油控制阀动作，调节摇臂活塞液压系统，使高速凸轮工作，这样进气门和排气门的升程和开启持续时间延长，发动机的充气效率得以提高。

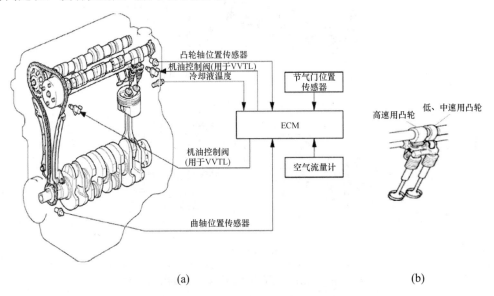

图 6-30 丰田汽车智能可变气门升程系统(VVTL—i)

1) VVTL-i 的组成

VVTL-i 为连续可变气门正时与二段举升系统，除与 VVT-i 功能相同外，气门还可做二段式举升变化，其组成与 VVT-i 相似，控制系统也包括曲轴/凸轮轴位置、节气门位置、冷却液温度传感器和空气流量计(如图 6-30 所示)，而驱动部件则包括特殊的凸轮轴(如图 6-31 所示)、摇臂组件(如图 6-32 所示)和机油压力控制阀 OCV(如图 6-33 所示)等。VVTL-i 的二段举升变化，是在凸轮轴与气门间加入摇臂，利用油压，使摇臂销移动，以决定是顶到低、中速凸轮或高速凸轮。当无油压时，摇臂销不动，低、中速凸轮顶到摇臂，气门开度较小；当有油压时，摇臂销向右移动，高凸轮顶到摇臂，气门开度较大。机油压力控制阀中的伺服阀是由 ECM 进行占空比控制的。当发动机高速运转时，机油压力控制阀开启，机油直接通往凸轮转换机构，使高速凸轮起作用。

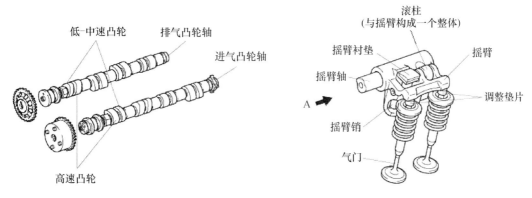

图 6-31　VVTL-i 系统的凸轮轴　　　　图 6-32　VVTL-i 系统的摇臂

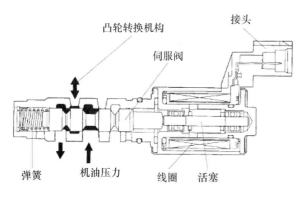

图 6-33　机油压力控制阀

2) VVTL-i 的工作原理

智能可变气门升程系统的控制原理框图如图 6-34 所示。ECM 接收各传感器信号，经由修正及气门正时实际值的反馈，确立气门正时目标值，以占空比的方式控制机油油压控制阀，改变进气门正时。同时根据曲轴位置传感器信号和冷却液温度传感器确定低、中速气门升程或高速气门升程，控制机油油压控制阀动作，改变气门升程。

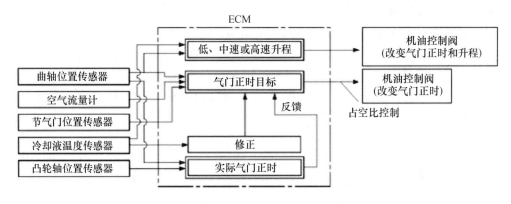

图 6-34　智能可变气门升程系统控制原理

智能可变气门升程系统(VVTL—i)的工作过程如下。

当发动机低—中速运转时，凸轮轴上只有小角度的低、中速凸轮顶到摇臂，使两个气门动作，此时高速凸轮也会推动摇臂衬垫，但由于摇臂衬垫处于自由状态，不会影响摇臂和两个气门动作，如图 6-35 所示。

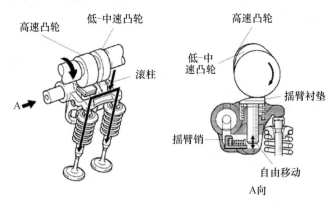

图 6-35　凸轮轴上只有小角度的凸轮顶到摇臂

当发动机处于低、中转速时，ECM 读取各传感器信号，控制机油压力控制阀关闭，回油侧开启，机油回流，如图 6-36 所示。

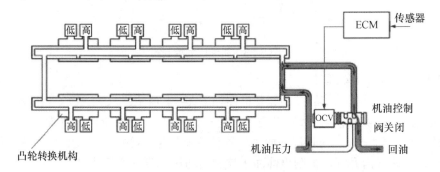

图 6-36　回油侧开启，机油回流

当发动机高转速运转时，机油压力推动摇臂销，摇臂销插栓在摇臂衬垫下，使摇臂衬垫锁住。由于高速凸轮轮廓比低速凸轮大，高速凸轮推动摇臂衬垫，此时由高速凸轮驱动两个气门，气门的升程和开启持续时间得以延长，如图 6-37 所示。

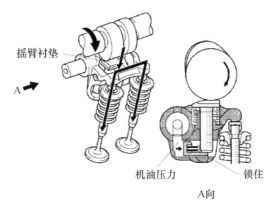

图 6-37　凸轮轴上只有大角度的凸轮顶到摇臂

当发动机高速运转时，机油压力控制阀开启，机油直接通往凸轮转换机构上，使高速凸轮起作用，如图 6-38 所示。

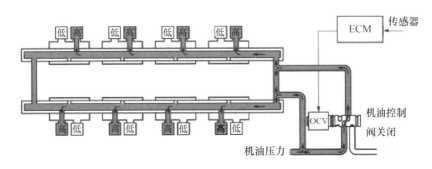

图 6-38　机油压力控制阀开启

2. 本田汽车公司 VTEC

本田汽车公司在 20 世纪 90 年代推出了既可改变气门正时，又能改变气门升程的可变气门正时与气门升程电子控制机构，称为 VTEC(Variable Valve Life Timing and Valve Electronic Control)。进气门的正时与升程随转速的不同而改变，使发动机在低速时具有较高的燃烧效率和较低的燃油消耗，而在高速时则可以充分地发挥其强劲的动力，从而改善汽车的动力性和经济性。

1) VTEC 机构的结构及原理

VTEC 机构的结构及原理如图 6-39 所示。发动机的凸轮轴除原有驱动两个进气门的主凸轮和次凸轮外，还增设中间凸轮，三个凸轮中，中间凸轮升程最大，适合发动机高速时双进气门工作的配气相位要求；次凸轮升程最小，主凸轮、次凸轮适合发动机低速时单气门工作的配气相位要求。进气门摇臂也因此分成三个部分，即主摇臂、中间摇臂和次摇臂。三根摇臂轴的内部装有液压控制的同步活塞 4 和 5、正时活塞 6 以及阻挡活塞 13。液压系统则由发动机控制模块 ECM 根据发动机的转速、负荷、冷却液温度和车速等参数进行控制。

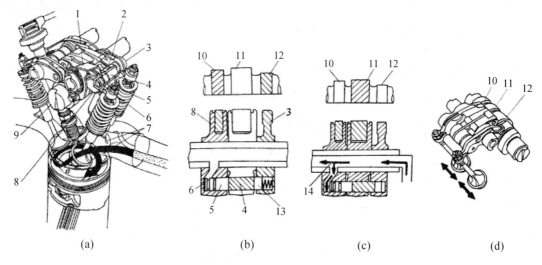

图 6-39 VTEC 机构的结构及原理

(a) VTEC 机构的结构 (b)低转速时主凸轮和次凸轮分别驱动两个进气门
(c)高转速时中间凸轮驱动两个进气门 (d)VTEC 机构凸轮驱动气门

1—正时板；2—中间摇臂；3—次摇臂；4、5—同步活塞；6—正时活塞；7—进气门；8—主摇臂；
9—凸轮轴；10—主凸轮；11—中间凸轮；12—次凸轮；13—阻挡活塞；14—油路

(1) 低速状态。发动机低速运转时，主摇臂、中间摇臂和次摇臂是彼此分离独立动作的。此时，主凸轮与次凸轮分别驱动主摇臂和次摇臂以控制进气门的开闭。由于次凸轮 B 的升程很小，因而进气门只稍微打开。虽然此时中间摇臂已被中间凸轮驱动，但由于中间摇臂与主摇臂、次摇臂是彼此分离的，故不影响进气门的正常开闭。即低速时，VTEC 机构不工作，进气门的开闭情况与普通顶置凸轮轴式配气机构的相同。

(2) 高速状态。当发动机达到某一高转速时，发动机控制模块(ECM)将控制液压系统，由正时活塞推动三根摇臂内的同步活塞移动，并使三根摇臂锁成一体而一起动作。此时，由于中间凸轮较主凸轮高，所以便由中间凸轮来驱动整个摇臂，并且使进气门开启时间延长，开启的升程增大，从而达到改变进气门正时和进气门升程的目的。当发动机转速降低至某一设定值时，摇臂中的同步活塞端的油压也将由 ECM 控制而降低，同步活塞将回位弹簧推回原位，三根摇臂又将彼此分离独立工作。

2) VTEC 电子控制系统

VTEC 电子控制系统的工作原理如图 6-40 所示。发动机转速、负荷和冷却液温度等信号输入 ECM 后，经运算处理，ECM 将决定是否对配气机构实行 VTEC 控制。若实行 VTEC 控制，ECM 使 VTEC 电磁阀的电磁绕组通电，使电磁阀在电磁力的作用下吸起，来自油泵的油压便作用在同步活塞上。VTEC 电磁阀开启后，控制系统还可以通过 VTEC 压力开关反馈信号给ECM，以便监控系统工作。

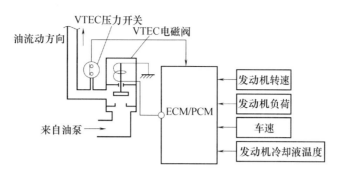

图 6-40 VTEC 电子控制系统

6.4 巡航控制系统

6.4.1 概述

汽车巡航控制系统(Cruise Control System，CCS)又称为速度控制(Speed Control，SC)系统，该系统工作时，驾驶员无须操作油门踏板就能保证汽车以设定的车速匀速行驶，从而给汽车驾驶带来了更大的方便。

1. 汽车巡航控制系统的优点

巡航控制系统的设置使驾驶员可以将汽车车速设定在一个固定的速度上，并准确地按照所设定的速度行驶。驾驶员不必踩加速踏板，可大大减轻长途驾车的疲劳，同时匀速行驶也可以减少燃油的消耗。其优点主要有以下三点。

(1) 保持车速稳定。无论风力和道路坡度变化引起的汽车行驶阻力怎样变化，只要在发动机功率允许的范围内，汽车行驶速度均可保持不变。

(2) 提高汽车行驶时的舒适性。长时间在高速中驾驶，驾驶员需要一直将右脚踏在加速踏板上以维持较高的行驶速度，而巡航控制系统的发明大大减轻了驾驶员的负担，提高了行驶的舒适性。

(3) 降低油耗，减少排放。巡航控制系统可使汽车燃油的供给与发动机功率间的配合处于最佳状态，有效降低燃油消耗，减少有害气体的排放。

2. 汽车巡航控制系统的功能

具体来说，这种巡航控制系统有巡航定速、巡航加速、巡航减速定速解除、定速恢复功能。

(1) 巡航定速。将控制手柄开关拨到 ON 位置后，即可在 40km/h 以上的任何速度，按住(SET/ACC)键 1s 设定巡航车速，进入巡航状态(无需踩油门，车辆即可按设定的速度巡航)。

(2) 巡航加速。在巡航状态下，每按住(SET/ACC)键 0.5s 可以增加时速 1km。也可一直按住(SET/ACC)键，车速会自动缓缓提升，直至适合的速度再松开按键。此外，在定速巡航状态下可以直接踩油门加速，当松开油门后，车速将缓慢回复到先前设定的巡航速度。

(3) 巡航减速。在巡航状态下，每按住(RES/DEC)键 0.5s 可以降低时速 1km。也可以一直按住(RES/DEC)键，车速会自动缓缓下降，直至适合的速度再松开按键。

(4) 定速解除。在巡航状态下踩下制动，便可解除定速。

(5) 定速恢复。解除定速后，只要按住(RES/DEC)键 1s，不用踩油门，车速即可自动恢复到定速解除之前的巡航速度。

3. 使用巡航控制系统的注意事项

(1) 为安全起见，在汽车交通拥堵，或在雨、冰、雪等湿滑路面上行驶及遇上大风大雨天气时，不要使用巡航控制系统。

(2) 当巡航控制系统启用后，不允许不踩离合器就换入空挡，否则发动机会因转速过高而损坏。

(3) 汽车在陡坡行驶时，应立即关闭巡航控制系统，否则会使发动机转速变化过大，损害发动机。

(4) 在下坡驾驶中，须避免将车辆加速。如果车辆的实际行驶速度较设定的正常行车速度高出太多，则可省略巡航控制装置，然后将变速器换成低挡，利用发动机制动使车速得到控制(此点同样适用于非巡航控制系统车辆，并且较刹车更为安全和可靠，尤其是在长下坡过程中)。

(5) 使用巡航控制系统要注意观察仪表板上的指示灯 CRUSE 是否闪烁发亮。若闪烁就表明巡航控制系统处在故障状态。此时，应停止使用巡航控制系统，待故障排除后再为使用。

6.4.2 巡航控制系统的组成与原理

1. 巡航控制系统的组成

巡航控制系统主要由巡航控制开关、车速传感器、ECU 和执行器四部分组成，如图 6-41 所示。

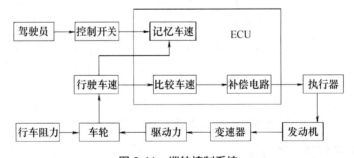

图 6-41 巡航控制系统

巡航控制开关同时用来接通或关断该控制系统的工作，并用来设置所要求的行车速度，同时用来选择其他的控制信息。ECU 根据车速传感器信号计算车速，并与所设置的车速相比较后产生一个偏差信号，然后控制执行器驱动节气门开度变化，使节气门开度随行驶阻力的变化而变化，从而使实际车速与所设置的车速一致。ECU 根据取消控制信号，如制动信号、离合器动作信号或巡航控制开关切断信号等，即可终止巡航控制系统。

2. 巡航控制系统的基本原理

巡航控制系统的基本原理如图 6-42 所示。ECU 有两个输入信号，一个是驾驶员按要求的车速调定的指令车速信号，另一个是实际车速反馈信号。当测出的实际车速高于或低于驾驶员调定的车速时，ECU 将这两种信号进行比较，得出两信号之差，即误差信号，再经放大、处理后成为节气门控制信号，送至节气门执行器，驱动节气门执行器动作，调节发动机节气门开度，以修正两输入车速信号的误差，从而使实际车速很快恢复到驾驶员设定的车速，并保持恒定。

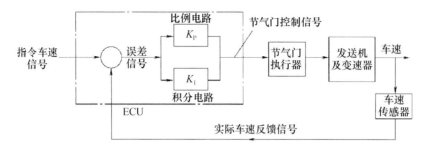

图 6-42　巡航控制系统基本原理

在使用巡航控制系统时需要注意：如果在车辆行驶中无法安全地以稳定的速度行驶，那么最好不要使用这一系统；在雨雪天气、行车路面很滑的条件下，使用巡航控制系统也会有一定的危险，这是因为各行车路段上汽车轮胎与地面的附着力在雨雪气候下的变化较大，会导致车轮产生不必要的打滑空转，使车辆失去控制。

6.4.3　巡航控制系统的电路与部件结构

1. 巡航控制系统的电路

采用微处理控制器的巡航控制系统电路框图如图 6-43 所示。CCS ECU 的作用是接收车速传感器、巡航控制开关、制动开关等作用信号，经计算、记忆、放大及信号转换等处理后，输出控制信号，驱动执行器动作。

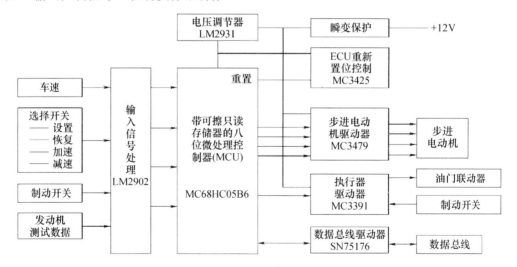

图 6-43　采用微处理控制器的巡航控制系统电路框图

凌志轿车的巡航控制系统电路如图 6-44 所示。

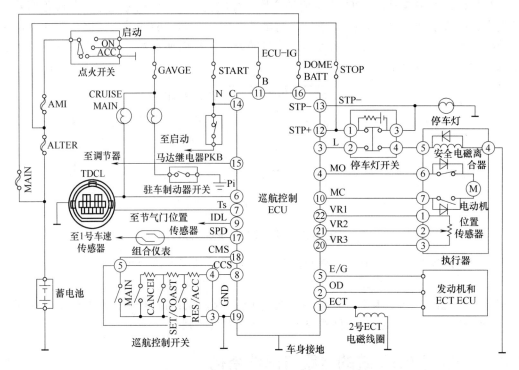

图 6-44 凌志轿车巡航控制系统电路图

2. 巡航控制系统的部件结构

1) 操作开关

操作开关主要用于巡航车速设置、车速重置或取消,包括主开关、控制开关和退出巡航控制开关。

(1) 主开关。

主开关是巡航系统的电源开关,用按键式接合,只有发动机工作时的电源接合(如点火开关接合),才能实现巡航系统电源接合。发动机停转断电,巡航系统电源也切断。

(2) 控制开关。

手柄式控制开关有五个功能:设置(SET)、减速(COAST)、重置(RES)、加速(ACC)和取消(CANCEL),如图 6-45 所示,设置与减速(SET/COAST)合用一开关,重置与加速(RES/ACC)合用另一开关,按图 6-45 指示方向进行操作。主开关在中间位置为按键式,每个开关均为操作接通、松开关断的自动回位开关。

(3) 退出巡航控制开关。

退出巡航控制开关包括取消开关、停车灯开关、驻车制动开关、离合器开关和空挡起动开关。任何一开关接通,巡航控制便自动取消。注意:在巡航控制取消的瞬时,只要当时车速高于 35km/h,此车速便会存储到巡航控制的 ECU 中,当接通设置(SET)时,就会将存储到 ECU 中的车速默认为巡航车速。

2) 执行器

执行器的作用是接收巡航控制 ECU 的控制指令,以电动或气动方式操纵节气门,改变节气门开度，使车辆作加速、减速及定速行驶。

在车辆巡航控制系统中，常采用电机型或真空管型执行器来控制节气门的开度。电机型执行器的结构如图 6-46 所示。在执行器上装有具有安全作用的电磁离合器，当电磁离合器的电磁线圈被接通时，离合板被吸住。随着离合器的吸合，执行器中电机被接通并转动，依次驱动涡轮、蜗杆和终齿轮，并通过一根连杆带动节气门转动。连杆的位置是通过与转动轴相连的位置传感器进行检测的，通过对连杆的实际移动量和控制目标量的比较，ECU 通过控制执行器中电机电流的方向来调节节气门的开度。在节气门完全关闭和完全打开的相应连杆轴位置上设有开关，当这些开关被触动时，通向电机的电流被切断。当汽车制动或处于空挡位置时，节气门处于全关闭状态。当踩下离合器或制动踏板，或变速箱处于空挡，或手刹(驻车制动器)起作用时，由离合器开关、制动开关、空挡开关、手刹开关等信号直接控制离合器并将其分离，使巡航控制的执行器对节气门控制不起作用。

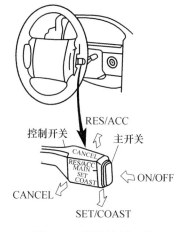

图 6-45 巡航控制开关

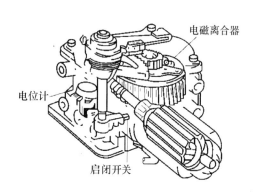

图 6-46 电机型执行器结构

3) 车速传感器

车速传感器将产生的车速信号输入 ECU，作为实际车速反馈信号，以便实现定速行驶功能。

4) 巡航控制系统电路的工作信号

(1) 接通主开关(MAIN)。接通主开关后，电流流向为：ECU 的 CMS 端子→控制开关端子 5→MAIN 开关→控制开关端子 3→搭铁。ECU 处于预备状态，且 CRUISE MAIN 指示灯点亮。

(2) 控制开关接通。当开关转至不同挡位时，电流流向为：ECU 的 CCS 端子→控制开关端子 4→控制开关(SET/COAST 或 RES/ACC 或 CANCEL)→控制开关端子 3→搭铁。ECU 检测控制开关设置的各挡位，并开始控制操作。

当将控制开关按向 SET/COAST 方向，并将其释放后，ECU 检测"设置"挡位并开始实施其控制。

(3) 车速控制过程。控制开关设定车速后，安全电磁离合器电路接通，电流流向为：ECU 的 L 端子→停车灯开关端子 3→开关端子 4→执行器端子 5→安全电磁离合器→执行器端子 4→搭铁。

同时，执行器的位置传感器工作，电流流向为：ECU 的 VR1 端子→执行器端子 1→位置传感器→执行器端子 3→ECU 的 VR3 端子。此时，位置传感器会将执行器控制臂位置电压信号从执行器端子 2 送到 ECU 的 "VR2" 端子。

当实际车速下降到低于设置车速时，执行器电机电路接通，电流流向为：ECU 的 MO 端子→执行器端子 6→电动机→执行器端子 7→ECU 的 MC 端子。此时电机转动，使执行器控制臂沿节气门打开方向转动，以提高车速。当控制臂转过某一角度后，ECU 即从 VR2 端子接收到信号，并切断从 MO 端子输出的信号。

当实际车速高于设置车速时，电流由 ECU 的 MC 端子流出，使电机反向转动，以降低车速。

(4) 人工取消巡航控制功能。在下列情况下可取消巡航控制。

① 控制开关置于取消(CANCEL)挡位。

② 当驻车制动开关接通时，向 ECU 的 PKB 端子发送一个取消信号。

③ 当换挡杆位于 "N" 或 P 位时，向 ECU 的 NC 端子发送一个取消信号。

④ 当踩下制动踏板时，制动灯开关闭合，安全电磁离合器被释放，经制动灯开关向 ECU 的 L 端子发送一个取消信号。

当 ECU 检测到上述任一信号时，它便切断向执行器发出的指令信号并终止巡航控制系统工作。

6.5 电子节气门控制系统

为了提高汽车行驶的安全性、动力性、平稳性及经济性，并减少排放污染，世界各大汽车制造商推出了各种控制特性良好的电子节气门及其相应的电子控制系统，组成电子节气门控制系统(Electronic Throttle Control System，ETCS)。采用电子节气门控制系统，取消了传统的用拉索控制节气门开度，取而代之的是电机根据 ECU 的指令对节气门开度进行控制，使节气门开度更加精确。

1. 电子节气门控制系统的特点

电子节气门控制使加速踏板与节气门之间无机械连接，它主要通过传感器、电子控制器及节气门驱动装置实现电子控制连接，使发动机节气门的开度不完全取决于驾驶员对加速踏板的操纵，而控制系统可根据发动机的工况、汽车的行驶状态等对节气门的开度作出实时的调节，使发动机在最适当的状态下工作。电子节气门控制系统的特点有以下几点。

(1) 电子节气门系统去掉油门拉线，驾驶员不再直接控制节气门的开度，"踩油门" 的意图通过电子油门踏板转化成扭矩需求输入，系统响应迅速，可获得满意的操控性能。

(2) 取消了怠速执行器，通过对节气门开度的精确控制来实现怠速稳定控制。

(3) 易于扩展，可轻松实现巡航控制和车辆稳定控制等，并简化了控制系统结构。

2. 电子节气门控制系统的组成及工作原理

电子节气门控制系统主要由节气门总成、加速踏板位置传感器和电子控制器等组成。节气门总成包括节气门体、节气门、节气门位置传感器、节气门执行器(电动机)，电子节气门控制系统如图 6-47 所示。驾驶员踩下加速踏板，加速踏板位置传感器将加速踏板的位置转换为电信号，并传递给发动机 ECU，ECU 实时将驾驶员输入的信号传递给节气门执行器(电机)，执行器将节气门转动到相应的角度。ECU 可以独立于加速踏板的位置，调整节气门的位置。其优点是发动机可以根据各种不同的需求(如驾驶员输入的信号、废气的排放、燃油消耗以及安全性等)确定节气门的位置。

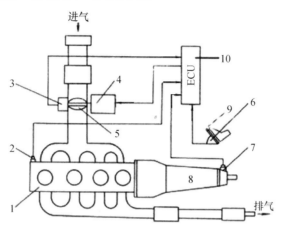

图 6-47 电子节气门控制系统

1—发动机；2—转速传感器；3—节气门位置传感器；4—节气门执行器；5—节气门；
6—加速踏板位置传感器；7—车速传感器；8—变速器；9—加速踏板；10—发动机电子控制单元(ECU)

发动机工作时，驾驶员操纵加速踏板，加速踏板位置传感器产生相应的电压信号并输入 ECU，ECU 首先对输入的信号进行滤波，以消除环境噪声的影响，然后根据当前的工作模式、踏板移动量和变化率解析驾驶员意图，计算出对发动机扭矩的基本需求，得到相应的节气门转角的基本期望值。然后再经过 CAN 总线和整车控制单元进行通讯，获取其他工况信息以及各种传感器信号如发动机转速、挡位、节气门位置、空调能耗等，由此计算出整车所需要的全部扭矩，通过对节气门转角期望值进行补偿，得到节气门的最佳开度，并把相应的电压信号发送到驱动电路模块，驱动控制电机使节气门达到最佳开度位置。节气门位置传感器则把节气门的开度信号反馈给节气门控制单元，形成闭环的位置控制。

3. 控制策略

1) 基于发动机扭矩需求的节气门控制

传统油门的节气门开度完全取决于驾驶员的操作意图。电子节气门系统的节气门开度并不完全由加速踏板位置决定，而是控制单元根据当前行驶状况下整车对发动机的全部扭矩需求，计算出节气门的最佳开度，从而控制电机驱动节气门达到相应的开度。因此，节气门的实际开度并不完全与驾驶员的操作意图一致。

控制单元根据整车扭矩需求获得所需的理论扭矩，而实际扭矩通过发动机转速、点火提前角和发动机负荷信号求得。在发动机扭矩调节过程中，控制单元首先将实际扭矩与理论扭矩进行对比，如果两者有偏差，发动机电控系统将通过适当的调节使实际扭矩值和理论扭矩值一致。

2）传感器冗余设计

电子节气门系统采用 2 个踏板位置传感器和 2 个节气门位置传感器，传感器两两反接，实现阻值的反向变化，即两个传感器阻值变化量之和为零，如图 6-48 所示为奥迪 A6 的电子节气门控制系统电路。对两个传感器施加相同的电压，两者输出的电压信号也相应反向变化，且两者之和始终等于供电电压。

从控制角度上讲，使用一个传感器就可以使系统正常运转，但冗余设计可以使两个传感器相互检测，当一个传感器发生故障时能及时被识别，在很大程度上增加了系统的可靠性，保证了行车的安全性。

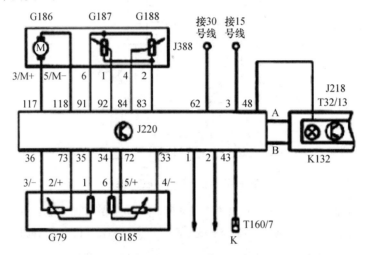

图 6-48　奥迪 A6 电子节气门控制系统电路

G186—节气门驱动装置；G187—节气门位置传感器 1；G188—节气门位置传感器 2；
J338—节气门控制部件；J220—发动机控制单元；J218—组合仪表；
G79—加速踏板位置传感器 1；G185—加速踏板位置传感器 2；K132—EPC 指示灯

3）可选工作模式

驾驶员可根据不同的行车需要，通过模式开关选择不同的工作模式，一般有正常模式、动力模式和雪地模式三种，区别在于节气门对加速踏板的响应速度不同。在正常模式下，节气门对加速踏板的响应速度适合于大多数行驶工况。在动力模式下，节气门加快对加速踏板的响应速度，发动机能提供额外的动力。在附着较差的工况下(如雪地，雨天)，驾驶员可选择雪地模式驾驶车辆，此时节气门对加速踏板的响应降低，发动机输出的功率比正常情况下小，使车轮不易打滑，保持车辆稳定行驶。

4）海拔高度补偿

在海拔较高的地区，大气压下降，空气稀薄，氧气含量下降，会导致发动机输出动力下降。此时电子节气门系统可按照大气压强和海拔高度的函数关系对节气门开度进行补偿，保证发动机输出动力和加速踏板位置的关系保持稳定。

5）控制功能扩展及其原理

早期的电子节气门功能比较简单，在形式上采用 1 个机械式的主节气门串联 1 个电控的辅助节气门，往往只能实现某一单一的功能。现代电子节气门则独立成一个系统，可实现多种控制功能，既可提高行驶可靠性，又使结构简化，成本降低。主要控制功能包括牵引力控制(ASR)、巡航控制(CCS)、怠速控制(ISC)、减少换挡冲击控制等。

6.6 故障自诊断系统

进入 20 世纪 80 年代，一种新型的诊断系统即随车诊断系统问世，它是利用微处理控制单元对电控系统各部件进行检测和诊断，自行找出故障，故也被称为故障自诊断系统。由于它可以对汽车电控系统参数实行连续监控，并能记录系统的间歇故障，因此查找故障及时方便，使用较为广泛。

1．故障自诊断功能

当电子控制系统出现故障时，故障自诊断系统会诊断故障所在并根据不同的情况做出如下反应。

(1) 故障警告。如果该故障会影响行车安全，造成发动机及其他系统与部件损坏或引发其他较严重的故障，仪表板上的发动机故障警告灯 CHECK ENGINE 会亮起或闪亮，如图 6-49 所示，以提醒驾驶员停车检修。

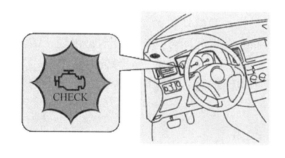

图 6-49　发动机故障警告灯

(2) 故障码储存。自诊断系统将其所监测到的故障以故障代码的形式储存起来，在汽车维修时，可以用某种方式取得故障码，以便于准确、迅速查找和排除故障。

(3) 故障运行。为使发动机不因一些传感器的信号消失或异常而停止工作，会自动地使系统在设定的参数下工作，以维持发动机基本运行，能将汽车开到附近的汽修厂维修。比如：发动机温度传感器信号不正常或消失时，系统则以起动时 20℃，运行时 80℃的标准参数进行控制，以使发动机能够起动和"带病坚持工作"；当爆燃传感器及其线路因断路或短路而无信号输入时，系统则自动使点火提前角减小 3°～8°，以避免因点火控制系统失去对爆燃的控制而使发动机产生爆燃；空气流量传感器信号不正常时，系统使点火时间和喷油时间固定在起动、怠速和行走 3 个设定值上，以维持发动机的基本运行。

(4) 安全保障。当发动机电子控制系统出现影响汽车行车安全或导致某部件损坏的故障时，自诊断系统会立即停止发动机的工作，以确保安全。比如：当点火系统出现故障，系统接收不到电子点火器的反馈信号 IGf 时，就立刻停止喷油，以避免有未燃烧的混合气排出，使大量的 HC 进入三元催化转换器，造成催化转换器因过量的氧化反应而被烧坏。

2. 故障自诊断原理

在 ECU 的控制程序中，设置了故障自诊断子程序，该程序中包括用于判别各输入信号正常与否的比较指令和相关的标准参数，用于电子控制系统的故障诊断。工作中，发动机 ECU 间歇运行故障自诊断程序，对各传感器输入的电信号、执行器的反馈信号进行分析，当出现某个信号缺失或信号值超出了设定范围时，自诊断系统会做出有故障的判断。

1) 传感器故障自诊断原理

发动机运行中，若传感器输入 ECU 的信号超出正常范围，或在一定时间内 ECU 收不到该传感器信号，或该传感器输入 ECU 的信号在一定时间内不发生变化，自诊断系统均判定为"故障信号"。例如水温传感器，当传感器向 ECU 输送的信号电压低于 0.3V 或高于 4.7V 时，自诊断系统会判断为故障信号。

2) 执行器故障自诊断原理

在没有反馈信号的开环控制中，执行元件如有故障，自诊断系统只能根据 ECU 输出的执行信号来判断。原理与传感器类似。带有反馈信号的闭环控制工作时，自诊断系统还可根据反馈信号判别故障。

3) 微处理器故障自诊断原理

对 ECU 的诊断是通过其内部的监控电路来实现的。在监控电路中设有监视计时器，用于定时对微处理器进行复位。当微处理器发生故障时，例行程序就不能正常运行，使监视计时器不能复位，自诊断系统据此即可判断微处理器出现了故障。为避免 ECU 出现故障而使发动机立即熄火，在 ECU 内部设置了应急的后备电路。当微处理器本身出现故障时，后备电路就会根据监控电路的信号而立即投入工作，使发动机电子控制系统按设定的基本程序工作。

3. 故障自诊断系统的使用

当检测到有故障时，仪表盘上的故障指示灯(CHECK ENGINE)点亮，以警告驾驶员或维修人员。在使用中，点火开关接通，发动机没有起动或起动后的短时间内，故障指示灯点亮是正常现象，当起动后几秒钟内或发动机达到一定转速(一般为 500r/min)后，故障指示灯应熄灭。故障指示灯的控制电路如图 6-50 所示。

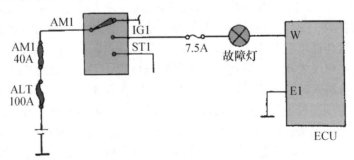

图 6-50　故障指示灯电路图

4. 车载诊断系统简介

车载诊断系统(ON—BOARD DINGOSITICS，OBD)由美国汽车工程学会(SEA)提出，经环保机构(EPA)和加州资源协会(CARB)认证通过的。从 20 世纪 80 年代起,美、日、欧等各大汽车制造企业开始在其生产的电控燃油喷射汽车上采用第一代随车诊断系统(OBD—I),初期的 OBD—I 没有自检功能。1994 年以后,美国、日本和欧洲的主要汽车制造厂家生产的电控汽车逐步开始采用第二代随车诊断系统(OBD—Ⅱ)。在 20 世纪 90 年代中期,美国汽车工程师协会(SAE)制定了一套标准规范,要求各汽车制造企业按照 OBD—Ⅱ的标准提供统一的诊断模式,在 20 世纪 90 年代末期,进入北美市场的汽车都按照新标准设置 OBD。OBD—Ⅱ的主要特点如下。

① 汽车按照标准装用统一的 16 端子诊断座,并将诊断座统一安装在驾驶室仪表盘下方。

② OBD—Ⅱ具有数值分析、资料传输功能(DATA LINK CONNECTOR,DLC)。

③ OBD—Ⅱ具有行车记录器功能。

④ 装用 OBD—Ⅱ的汽车,采用相同的故障码代号,且故障码意义须统一。

⑤ OBD—Ⅱ具有重新显示记忆故障码的功能,可供维修人员调取。

⑥ OBD—Ⅱ具有可由仪器直接清除故障码的功能。

在 OBD—Ⅱ计划实施之后,任一技师可以使用同一个诊断仪器诊断任何根据标准生产的汽车。OBD—Ⅱ成熟的功能之一是当系统点亮故障灯时,会记录下全部传感器和驱动器的数据,可以最大程度地满足诊断维修的需要。面对各国日益严格的汽车排放法规,OBD—Ⅱ监视排放控制系统效率的目标是:随着汽车运行中效率的降低,根据测试步骤,当汽车排放水平已达到新车排放标准的 1.5 倍时,点亮故障灯并存贮故障码。此外,OBD—Ⅱ还要求配置某些附加的传感器硬件,例如附加的加热氧传感器,装在催化转换器排气的下游。采用更精密曲轴或凸轮轴位置传感器,以便更精确地检测是否缺火,全部车型配置一个新的 16 针诊断接口。这样一来,计算机的能力大大提高,不仅能够跟踪部件的损坏情况,而且满足了汽车尾气排放标准。

OBD—Ⅱ与以前的所有车载诊断系统不同之处在于有严格的排放针对性,其实质性能就是通过监测汽车的动力和排放控制系统来监控汽车尾气的排放。当汽车的动力或排放控制系统出现故障时,有可能导致一氧化碳(CO)、碳氢化合物(HC)、氮氧化合物(NO_x)或燃油蒸发污染量超过设定的标准,此时故障灯点亮报警。

6.7 失效保护系统

1. 失效保护系统的功能

在电控系统中,当自诊断系统判定某传感器或其电路出现故障(即失效)时,自诊断系统起动并进入工作状态,用 ECU 提供的设定目标信号代替故障信号,以保证控制系统继续工作,确保发动机仍能继续运转。

2. 失效保护系统设定的标准信号

(1) 冷却水温度信号。冷却水温度传感器或其电路发生故障时,失效保护系统将给 ECU 提供设定的冷却水温度信号,通常按冷却水的 80℃温度控制发动机工作,以防止混合气过浓或过稀。

（2）进气温度传感器。当进气温度传感器或其电路发生故障时，失效保护系统给 ECU 提供设定的进气温度信号，通常按 20℃ 进气温度的控制发动机工作，防止混合气过浓或过稀。

（3）点火确认信号。点火系统发生故障造成不能点火，ECU 接收不到点火控制反馈的点火确认信号时，失效保护系统使 ECU 立即切断燃油喷射，使发动机停止运转。

（4）节气门位置传感器信号。当节气门位置传感器或其电路发生故障时，ECU 将始终接收节气门处于全开或全关状态信号，无法对喷油量进行精确控制。此时，失效保护系统中，通常按节气门开度为 0°或 25°设定标准的节气门位置传感器信号。

（5）点火提前角。爆燃传感器或其电路发生故障时，失效保护系统使 ECU 将点火提前角固定在一个适当值上。

（6）凸轮轴位置传感器。当凸轮轴位置传感器发生故障时，导致 G1 和 G2 两个信号不能输送给 ECU 时，则只能利用应急备用系统维持发动机基本运转。

（7）空气流量计信号。若空气流量计或其电路发生故障，ECU 无法按进气量计算基本喷油量时，将引起发动机失速或不能起动。此时，失效保护系统使 ECU 根据起动信号和节气门位置传感器信号按固定的喷射时间控制发动机工作。

（8）进气管绝对压力传感器信号。如此传感器发生故障，ECU 无法按进气流量计算基本喷油量，失效保护系统使 ECU 按设定的固定值控制喷油量，或起动应急备用系统维持发动机运转。

思 考 题

1. 请分析废气涡轮增压系统的工作原理。
2. 常见可变进气系统有哪些类型？分析各自的工作原理。
3. 什么是可变气门正时？可变气门正时有哪些类型？
4. 什么是可变气门升程？可变气门升程系统与可变气门正时系统有什么区别？
5. 巡航控制系统有哪些优点和功能？
6. OBD—Ⅱ的主要特点有哪些？

第 7 章

柴油机电子控制系统

【知识目标】

熟悉柴油机电子控制系统的组成及主要特点;熟悉柴油机电子控制系统的控制内容;认识各类柴油机电子控制系统的结构组成;了解高压共轨柴油机喷油系统的工作原理。

【技能目标】

能认识高压共轨柴油机电子控制系统主要元件的安装位置,会分析高压共轨式柴油机喷油系统的工作原理。

7.1 概述

7.1.1 柴油机电子控制系统发展概况

和汽油机电子控制技术相比，柴油机的电子控制发展得相对较晚。由于轻型车排放法规的要求，满足欧Ⅰ排放标准的汽油车要求使用电控燃油喷射技术，严格将空燃比控制在理论空燃比附近，以使三元催化转换器的效率最高，因此自从欧Ⅰ排放标准实施以来（欧盟自 1992 年开始），汽油机燃油喷射电子控制已经成为轻型汽油车的标准配置，并得到了广泛应用。而柴油机通过采用增压和增压中冷技术、燃烧改进技术和高压喷射技术，改进柴油机的喷雾和燃烧过程，不需要采用电子控制就能满足欧Ⅰ和欧Ⅱ排放标准，因此柴油机的电子控制并没有像汽油机一样很快得到应用推广。

2000 年以后，在欧Ⅲ排放标准的要求下，柴油机的电控技术得到了迅速发展，目前广泛使用的技术有柴油机高压共轨系统、柴油机单体泵和柴油机泵喷嘴。国外柴油机电子控制共轨喷射技术也已进入实用阶段，正在迅速推广应用。而在国内，由于缺乏技术开发与投入，车用柴油机的电控技术水平相当落后，对国外现在采用的或正在研究的新技术总体上还较陌生。但采用电子控制技术是当前柴油机技术发展的重要方向之一。

7.1.2 柴油机电子控制系统组成

柴油机电子控制系统与汽油机电控系统一样，由传感器、电子控制单元(ECU)和执行器三部分组成，如图 7-1 所示。由于控制对象不同、控制内容侧重点不同，在具体要求及构成上也有差异。

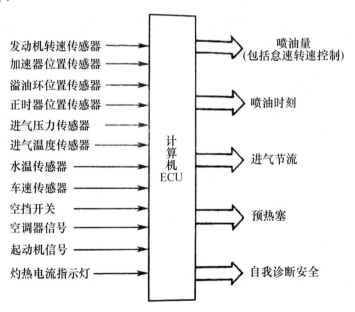

图 7-1 柴油机电子控制系统

1. 传感器

传感器的主要功能是采集柴油机运行参数及状态参数，并将这些物理量转换成电量，输送到电控单元。常见的传感器有温度传感器(冷却液温度、进气温度、排气温度等)、压力传感器(进气压力、燃烧压力等)、转速传感器、曲轴位置和气缸识别传感器、空气流量计、位移传感器(齿杆位置、溢流环位移、喷油提前器位移、针阀升程)、加速踏板位置传感器、氧传感器等。

(1) 油门踏板位置传感器：是主控信号，反映发动机的负荷信号及怠速确认。

(2) 转速传感器、曲轴位置传感器：是主控信号，与加速踏板位置传感器共同决定喷油量和喷油提前角。

(3) 泵角传感器：检测泵转角，与曲轴位置传感器共同控制喷油量，保证喷油正时改变时不影响喷油量。

(4) 着火正时传感器：检测燃烧室开始燃烧时刻，修正喷油正时。

(5) 冷却液温度传感器：控制发动机工作温度，修正喷油量与喷油正时。

(6) 进气温度传感器：检测进气温度，修正喷油量与喷油正时。

(7) 进气压力传感器：检测进气压力，修正喷油量与喷油正时。

(8) 溢流环位置传感器：检测溢流控制电磁铁的电枢位置，以反馈控制溢流环位置。

(9) 正时活塞位置传感器：检测电子控制定时器正时活塞位置，将喷油正时提前量信号输入ECU。

(10) 控制杆位置传感器：检测电子控制柱塞式喷油泵调速器中控制杆位置，将喷射量的增减信号反馈给ECU。

(11) 控制套筒位置传感器：检测电控分配式喷油泵调整器中控制筒位置，将喷油量增减信号反馈给ECU。

(12) 发动机点火开关信号、空调信号、动力转向油压开关信号、空挡起动开关信号。

2. 电子控制单元(ECU)

电子控制单元(ECU)是柴油机电控系统的核心，其基本功能及组成与汽油机的电子控制单元基本相同，在此不再重复。

3. 执行器

柴油机的燃油喷射系统类型较多，不像汽油机那么单一，因此同样是微机控制的柴油机，由于燃油喷射系统的不同，所用的执行器也有很大差异。常见的执行器有电磁喷油器、电磁溢流阀、正时控制阀、压力控制阀、高速电磁阀等。

7.1.3 柴油机电子控制系统的主要特点

1. 改善柴油机的经济性和排放

柴油发动机在不同的转速和不同负荷下都有一个最佳供油提前角。所谓最佳供油提前角是指转速和供油量一定时，能获得最大功率、最小燃油消耗和最佳排放的供油时刻。电控系统可以根据柴油机发动机的转速、负荷及其他传感器信号对喷油提前角及喷油量进行精确控制，使其达到或逼近最佳值。采用电控系统后可使柴油机的燃油消耗率降低 5%以上，排放也可明显降低。

2. 提高发动机的工作可靠性

当一个微机控制系统建立以后，可以很方便地扩展其控制功能。如为柴油机提供各项保护功能就是一例。借助传感器的输入信号，微机控制器可随时检测影响发动机工作可靠性的一些参数，如润滑系统的机油压力、排气温度、曲轴轴瓦温度及发动机的转速等。一旦某一项或某些项的参数或状态超出或低于设定值，控制系统会立即显示报警，同时控制执行器进行相应的调节，直到这些参数或状态正常为止。对于一些影响发动机运转可靠性的重要参数，控制系统还可为发动机提供双重甚至是多重保护，以免造成巨大损失。例如，当柴油机发生重大事故时，控制系统一方面控制直列式喷油泵调节齿杆迅速减油回复零位，同时也控制喷油泵进油管路上的电磁阀切断燃油通路或关闭进气阀，使发动机迅速停下。另外，柴油机电子控制系统还具有自诊断功能，当电子控制系统有故障时，可存储故障码，并点亮故障指示灯，提醒驾驶员电子控制系统有故障，以便于查找和确认故障。

3. 响应快、控制精度高

响应快是对一个控制系统的基本要求。控制系统从接收到一个信息开始，到处理完毕并输出控制信号所需的时间一般为毫秒级。这个时间要远远小于发动机或其他机械控制机构的响应时间。因此，一旦发动机及其系统的运行参数或状态稍微偏离目标值，微机控制系统就能立即进行跟踪并予以实时调节和控制。正是由于响应快这一特点，使得微机控制系统能实现机械控制系统所不能实现的一系列功能。控制系统的控制精度越高，被控对象的性能指标就越接近最优值。微机控制系统的控制精度，远高于机械控制和模拟电路控制的主要原因是对输入、输出信号实现了数字化传输，且微机控制系统中有关硬件的位数越高，控制精度就越高。

4. 控制策略灵活

微机电子控制系统的最大特点之一是其控制策略的灵活性。对于不同用途的柴油机，其控制策略往往不同，当需要改进或与其他机型匹配时，传统办法是改变相应的机械式控制系统，重新设计、试制和加工，因而其周期长、成本高，极不方便。微机控制系统则能很方便地与各种不同用途的柴油机或动力装置匹配，需要改变的仅仅是 EPROM 中的软件程序，而基本上不涉及硬件系统。在有些情况下，电子控制系统甚至不需要任何变更便能用于不同种类的柴油机。

7.2 柴油机电子控制系统的控制内容

现代汽车柴油机电控系统的控制项目已经从仅有循环供(喷)油量控制、喷油正时控制等最基本的控制项目的燃油喷射控制，扩展到包括对喷油速率控制和喷油压力控制在内的多项目标控制的燃油喷射控制；从单一的燃油喷射控制扩展到包括怠速控制、进气控制、增压控制、排放控制、起动控制、故障自诊断、失效保护、发动机与变速器的综合控制等在内的全方位控制。

1. 燃油喷射控制

燃油喷射控制是柴油机电控系统最主要的控制功能，主要包括循环供(喷)油量控制、喷油正时控制、喷油速率和喷油规律控制、各缸喷油量不均匀修正控制和喷油压力控制。

1) 循环供(喷)油量控制

图 7-2 所示为拉杆控制式电控柴油机基本喷射量的控制框图。ECU 以柴油机转速传感器和加速踏板位置传感器信息作为主控信号，按预设的基本循环供(喷)油量计算程序或三维脉谱图，确定基本循环供(喷)油量，并根据其他有关输入信号(如进气温度、进气压力等)加以补偿和修正，确定对应的目标控制量。之后在驱动电路中与来自执行器(喷油器针阀或拉杆)位置传感器的实测值 R_W 进行比较，并向执行器输出与两者之差成比例的驱动电流 I_A；执行器根据该驱动电流起动，将喷油器通电脉宽(或拉杆位置)调整到目标值 R_{WT} 上，由此确定总的循环供(喷)油量。

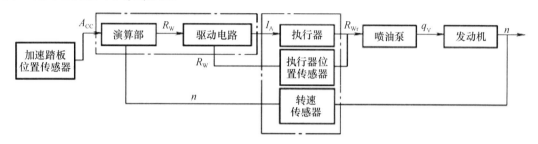

图 7-2 基本喷射量控制框图

2) 喷油正时控制

ECU 以柴油机转速和负荷信息作为主控信号，按预设的基本喷油正时三维脉谱图，确定基本供(喷)油正时，并根据其他有关输入信号(如进气温度、进气压力等)加以补偿和修正，根据曲轴位置信号，最后将各缸喷油正时控制在一个最佳时刻。

3) 喷油速率和喷油规律控制

ECU 以柴油机转速和负荷信息作为主控信号，按预设的程序确定最佳喷油速率和喷油规律。

4) 各缸喷油量不均匀修正控制

所谓的各缸喷油量不均匀修正控制是指控制各缸的喷射量相对一致，以保证各缸的爆发压力相等。一般情况下，由于各缸的不均匀性使得各缸的爆发压力不均匀，造成转速波动，特别是怠速时发动机的振动更大，为了保证发动机的工作平稳性和驾乘舒适性，需要控制各缸的不均匀量。

柴油机电控系统通过做功冲程时的曲轴转速变化判断各缸喷油量的差异，利用电磁溢流阀快速响应，及时修正各缸的喷油量来降低发动机转速波动，按各缸转速无波动偏差来控制各缸喷油量。

5) 喷油压力控制

ECU 以柴油机转速和负荷信息作为主控信号，按预设的程序确定最佳喷油压力。

2. 进气控制

进气控制是柴油机电控系统第二个控制功能,主要包括进气涡流强度控制、进气节流控制和进气预热控制等内容。

1) 进气涡流强度控制

进气涡流的强弱直接影响混合气的形成,根据发动机不同工况控制进气涡流强度,可改善柴油机综合性能。柴油机电控系统通过控制进气通道的变化,以便在不同转速负荷下更好地组织进气涡流,改善燃烧质量,提高动力性、经济性,降低排放和污染。

2) 进气预热控制

电控系统以柴油机冷却液的温度为基本控制参数,通过对预热塞通电时间的控制,对进气进行预热,改善柴油机低温起动和低温怠速运转。

3. 怠速控制

控制怠速转速的目的就是为了提高怠速稳定性、降低油耗,同时实现快怠速,主要控制内容是根据怠速实际工况,控制最佳怠速喷射量,以保证怠速转速稳定控制或实现快怠速控制。怠速稳定控制是当喷油泵以及发动机内部参数等,因某种原因(如长时间使用)引起变化,以及冷却液温度随怠速时间逐渐升高而改善燃料蒸发条件时,为保证怠速转速稳定而实施的怠速喷油量的控制。

图 7-3 所示为怠速转速控制逻辑框图。ECU 根据发动机转速以及节气门开度状态(是否 $A_{CC}<5\%$)等条件来判断怠速工况后,根据当时的冷却液温度、空调开关等信息确定目标怠速转速,并与实际怠速转速进行比较,确定目标怠速喷油量和怠速转速控制量,由驱动电路控制喷油器的喷射量,以控制怠速转速稳定在目标转速上。

由于发电机、空调动力转向等辅助装置工作状态的变化会引起柴油机负荷变化导致发动机转速变化,柴油机电子控制系统通过反馈控制系统控制怠速喷油量,使怠速控制在目标转速上。

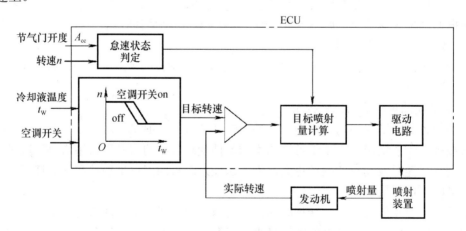

图 7-3　怠速转速控制逻辑框图

4. 废气再循环控制

废气再循环(EGR)技术作为控制 NO_x 排放的有效措施,在汽油机和柴油机上被广泛应用。但是采用 EGR 后,发动机的耐久性和可靠性有所恶化,而且大量的 EGR 实施后燃油消耗率和排烟恶化等问题尚未得到解决。因此，根据不同工况精确控制再循环废气量，是在保证发动机动力性和经济性的前提下，有效降低 NO_x 排放的重要措施。

在柴油机上没有进气节流现象，负荷的大小是用喷油量来调节(质调节)的，即喷油量不是根据进气量的变化来控制，所以实施废气再循环以后，相对减少了进入气缸的空气量，而喷油量不变，故空燃比减小，混合气变浓。因此在柴油机上 EGR 降低 NO_x 排放量的主要原因是：一方面是通过 EGR，减少了进入气缸的空气量，使气缸内氧和氮的浓度降低；另一方面由于再循环废气的惰性作用，不仅抑制混合气的燃烧，而且降低最高燃烧温度，从而减少 NO_x 的排放量。

5. 故障自诊断及故障保护功能

柴油机电控系统故障自诊断及故障保护功能与汽油机电控系统的故障自诊断失效保护功能基本相同，此处不再重复。

7.3 柴油机电子控制系统类型结构及工作原理

在传统的喷射系统基础上首先发展起来的电控喷射系统是位置式电控系统，称之为第一代电控喷射系统，而基于电磁阀的时间，控制式电控系统则称为第二代电控喷射系统。第三代电控系统是时间－压力控制式，也叫电控共轨燃油喷射系统，电控共轨式喷射系统被世界内燃机行业公认为 20 世纪三大突破之一，将成为 21 世纪柴油机燃油系统的主流。

7.3.1 位置式电控系统

位置式电控系统不仅保留了传统的泵－管－嘴系统，还保留了原喷油泵中的齿条、滑套、柱塞上的斜槽等控制油量的机械传动机构，只是对齿条或者滑套的运动位置予以电子控制。

日本 Denso 公司的 ECD－V1、德国 Bosch 公司的 EDC 和日本 Zexel 公司的 COVEC 等都属于位置式电控分配泵系统。日本 Zexel 公司的 COPEC，德国 Bosch 公司的 EDR 系统和美国 Cater—pillar 公司的 PEEC 系统等都属于位置控制的电控直列泵系统。

位置式电控分配泵是在 VE 型分配泵的基础上，将油量控制滑套的控制方式由机械式调速器改为线性比例电磁阀的控制方式，所以其供油和泵油原理和结构特点基本上与 VE 型分配泵相同，只是在油量控制机构和喷油时刻的控制机构上进行了微小改动，去除了原机械式调速机构，增设了转速传感器、控制油量滑套位置的比例电磁阀、油量控制滑套位置传感器、控制喷射时间的电磁阀、喷射定时器位置传感器等。

1. 喷油量的控制

图 7-4 所示为位置式电控分配泵的喷射量控制原理。ECU 通过控制线性比例电磁阀中两个线圈反向信号的占空比来控制线圈的电流大小，以此控制电磁阀磁场强弱。油量控制滑套的位置靠安装在可动铁芯前端的油量控制滑套位置传感器来测量。滑套位置传感器把当时的油量控制滑套的信息传送给 ECU，并与储存在 ROM 中的目标值相比较进行反馈控制，使实际滑套位置尽可能接近于目标值。

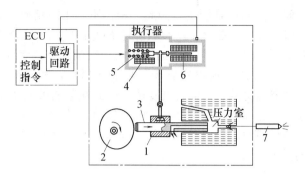

图 7-4 位置式电控分配泵喷射量控制原理

1—油量控制滑套；2—平面凸轮；3—柱塞；4—线性比例电磁阀线圈；
5—回位弹簧；6—滑套位置传感器；7—喷油器

控制单元(ECU)根据发动机的运转条件，计算出适应该工况的目标滑套位置，并与来自滑套位置传感器的实际滑套位置进行比较，计算确定控制量，并通过输出电路将对应于控制量的控制信号传输到驱动电路，由驱动电路根据 ECU 的指令反馈控制流经线性比例电磁阀线圈的信号占空比，由此控制铁芯的位移，使油量控制滑套位置控制在目标值上，以确定最佳喷油量。

2. 喷射时间的控制

喷射时间控制系统主要由定时柱塞、定时器位置传感器、回位弹簧、定时控制阀、转子以及 ECU 等组成。定时柱塞将柱塞室分为吸油室和压力室(泵室)，定时控制阀设在压力室入口处，主要控制压力室内的油压大小。当压力室内的油压发生变化时，定时柱塞的位置相应地变化，此时通过传动杆带动转子相应地偏转，由此调节喷射时间。通过定时器位置传感器检测定时柱塞的位移变化情况，由此进行定时柱塞位置的反馈控制。如图 7-5 所示为喷射定时控制系统示意图。

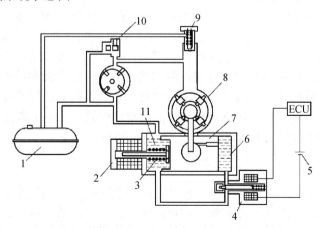

图 7-5 喷射定时控制系统示意图

1—油箱；2—定时器位置传感器；3—回位弹簧；4—定时控制阀；5—电源；
6—压力室；7—定时柱塞；8—滚轮；9—溢出阀；10—调节阀；11—吸油室

定时控制阀采用了一种比例电磁阀，利用占空比的控制方式控制其开度，调节来自划片式输油泵输送的低压油进入柱塞的压力室内，以控制其油压。在实际工作过程中，ECU根据发动机转速和负荷信息判断发动机运行工况，并计算对应工况的目标喷射时间，通过比较实际喷射时间和目标喷射时间，确定反馈控制量，由此确定控制定时控制阀的占空比，完成喷射时间的反馈控制。

7.3.2 时间控制式电控系统

时间控制式电控系统是柴油机第二代电控燃油喷射系统。所谓时间控制，就是用高速强力电磁阀直接控制高压燃油的适时喷射。一般情况下，电磁阀关闭，开始喷油；电磁阀打开，喷油结束。喷油始点取决于电磁阀关闭时刻，喷油量取决于电磁阀关闭的持续时间。传统喷油泵中的齿条、滑套、柱塞上的斜槽和提前期等全部取消，对喷射定时和喷射油量控制的自由度更大。这种系统可以保留原来的喷油泵－高压油管－喷油嘴系统。也可以采用新型的产生高压的燃油系统。与第一代的位置式电控系统相比较，时间控制式具有泵体结构紧凑、控制电路简单等优点。

实施时间控制的系统主要有：日本 Zexel 公司的 Model—1 电控分配泵、美国 Detroit 公司的 DDEC 电控泵喷嘴、德国 Bosch 公司的 EUP13 电控单体泵，日本丰田公司的 ECD－Ⅱ电控分配泵等。我国专家欧阳明高和丹麦 Sorenson 研制的"泵－管－阀－嘴(Pump/Pipe/Valve/Injector－PPVI)"电控燃油喷射系统也属于第二代电控喷射系统。

图 7-6 所示为 ECD—Ⅱ柴油机电控系统的组成，主要包括油泵转角传感器 2 和电磁溢流阀 3 等组成的喷油量控制系统、着火正时传感器 4 和正时控制阀 5 组成的喷油正时控制系统及 ECU 等组成。

ECD—Ⅱ柴油机电控系统是丰田公司研制的第二代柴油机电控系统，ECD—Ⅱ系统采用时间控制方式。电控系统通过电磁溢流阀对喷油正时和喷油量进行控制，利用着火正时传感器的反馈信息对喷油正时进行修正。

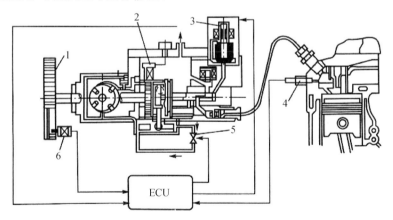

图 7-6　ECD—Ⅱ柴油机电控系统组成

1—油泵驱动齿型带轮；2—油泵转角传感器；3—电磁溢流阀；
4—着火正时传感器；5—正时控制阀；6—曲轴位置传感器

1. 喷油量的控制

1) 喷油量控制系统的构成及工作原理

ECD—Ⅱ系统的喷油量控制系统构成如图 7-7 所示。为了检测喷油泵轴的转角，在油泵及油泵轴上布置了传感器和油泵转角脉冲发生器。油泵转角脉冲发生器的构造及工作原理如图 7-8 所示，脉冲发生器由 4 组触发轮齿组成，每组 14 个齿，齿与齿之间的夹角为 5.625°，每转过一组齿轮，油泵转角传感器便发出 14 个等周期脉冲信号。另外在各组触发轮齿之间有一个缺口(即缺齿部)，缺齿部的宽度由缺两齿形成，缺齿部用来检测平面凸轮顶起滚轮推动柱塞开始压油的位置。ECU 根据缺齿部的信号判断燃油压缩的开始位置，然后对泵轴转过的角度计数，当泵轴转过一定角度后，也即喷出所需油量后，ECU 控制电磁溢流阀开启溢流通道，喷油停止。为了准备下一次喷油，电磁溢流阀在柱塞的吸油行程中关闭。

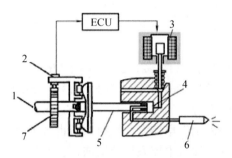

图 7-7 喷油量控制系统构成及工作原理

1—驱动轴；2—油泵转角传感器；3—电磁溢流阀；4—高压室；
5—柱塞；6—喷油器；7—油泵转角脉冲发生器

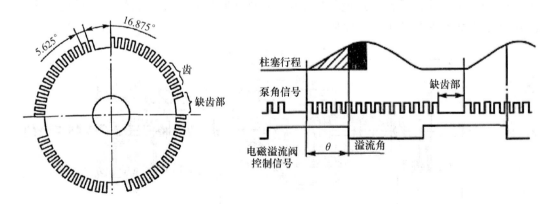

图 7-8 油泵转角脉冲发生器结构及工作原理

1—缺齿信号齿圈；2—脉冲发生器；3—驱动轴；4—油泵转角传感器；5—滚轮环

自柱塞开始压缩，至电磁涡流阀打开，油泵轴转过的角度 θ 称为溢流角，溢流角 θ 与油泵的喷油量相对应，θ 越大，喷出的燃油越多，溢流角 θ 可由缺齿部的信号结束计算齿的脉冲信号数求得。ECU 在对循环喷油量进行控制时，首先根据所需的燃油量确定电磁溢流阀所需开启时间，然后当在两个脉冲中间时，用其前脉冲间隔时间把溢流角换算成时间，用此时间控制电磁溢流阀的开启和关闭。

当改变喷油正时时，由于油泵转角传感器安装在滚环上，因此尽管喷油正时发生变化，但喷油量与溢流角始终相对应。

2) 电磁溢流阀基本结构及工作原理

用电磁溢流阀直接控制高压燃油的喷射，具有简单、控制性好的特点，但是对控制所用的电磁溢流阀有很高的要求。这类电磁溢流阀必须满足的基本要求有：为使高压燃油的流出不受阻力影响，溢流通路的开闭面积必须足够大；在电磁溢流阀闭合时，高压室内必须保持高压燃油；为了使发动机在高速运转时也能对燃油喷射进行精确有效地控制，电磁溢流阀必须有足够快的响应特性；在使用 12V 或 12V 以上的电源电压时，消耗的电能应在一定的标准以内。

为了满足以上苛刻要求，目前的电磁溢流阀通常采用由辅助阀(电磁阀)和主阀(液压阀)构成的电-液式两级控制机构组成。ECD—Ⅱ系统的喷油量控制系统所用的电磁溢流阀的基本结构如图 7-9 所示，它主要由电枢、电磁线圈、辅助阀和主阀等组成。电磁溢流阀是双重阀结构，主阀为液压阀，开闭受燃油压力控制，辅助阀为电磁阀，开闭受 ECU 控制。

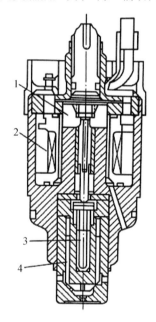

图 7-9 电磁溢流阀的结构

1—电枢；2—电磁线圈；3—辅助阀；4—主阀

当高压室燃油压力随柱塞移动而上升时，燃油压力通过主阀阀孔作用在主阀的头部，此时，电磁线圈通电，辅助阀压紧在网座上。因此主阀头部受的压力与作用在主阀背后的压力相同，由于主阀阀座与主阀的断面积有差值，故主阀被压紧在阀座上。在这种状态下，高压室的燃油从高压室喷出。电磁溢流阀的工作原理如图 7-10 所示。

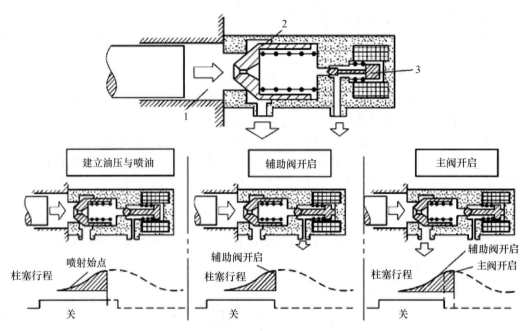

图 7-10 电磁溢流阀工作原理

1—柱塞室；2—主阀；3—辅助阀

(1) 建立油压与喷油。ECU 控制向辅助阀通电，辅助阀关闭，主阀右侧压力大于左侧压力，主阀关闭，喷油器喷油。

(2) 辅助阀开启。ECU 控制切断辅助阀电流，辅助阀打开，主阀右侧压力小于左侧压力，主阀右移，增容减压。

(3) 主阀开启。辅助阀打开，泄压，主阀左移，高压室压力迅速降低，停止喷油。

3) 控制系统的喷油量修正功能

ECD—Ⅱ系统除了具有 ECD—Ⅰ系统原有的喷油量修正功能外，还增加了一些新的喷油量修正功能，这些新增的修正功能如下。

(1) 燃油特性的修正：ECD—Ⅱ柴油机微机控制系统不仅可根据燃油温度修正燃油喷射量，而且可根据燃油特性来修正。所谓燃油特性的修正是系统利用怠速控制的修正量来测知燃油的黏度。当燃油温度高或使用黏度较低的燃油时，喷油量减少且怠速降低，并根据所测量的值对燃油喷射量进行适当的控制。采用燃油特性修正后，即使在高温下用特 3 号柴油(冬季型柴油)，也可使柴油机具有和常温下使用 2 号柴油时几乎相同的加速性能。

(2) 低温时的喷油量修正：低温时的喷油量修正是在柴油机低温起动后，电子控制系统根据柴油机冷却液的温度和转速对喷油量进行的最佳控制。

(3) 急减速时的修正：这是为防止急减速时柴油机转速急剧降低而进行的修正，电子控制系统采用反馈控制来调节柴油机的控制偏差与状态的改变。

2. 喷油正时控制

(1) 喷油正时控制系统的构成及工作原理。ECD—Ⅱ系统的正时控制通过正时活塞改变平面凸轮与滚轮的相对位置实现，而对正时活塞的位置控制则由正时控制系统通过操纵正时控制阀改变作用在正时活塞两端油压的大小来完成，如图 7-6 所示。为获得最佳的喷油正时，ECD—II 系统中还设置着火正时传感器，ECU 根据着火正时传感器和曲轴转角传感器两者信号的相位差所得到的实际燃烧开始时刻，对预设的喷油正时进行修正。这样排除了燃油性能和大气压力变化对燃烧开始时刻的影响，可以保证柴油机在所有运转工况下都具有最佳喷油正时。

(2) 喷油正时控制。喷射正时的反馈信号来自设在喷油泵驱动轴上的油泵转角传感器的缺齿段信号与曲轴位置传感器的曲轴位置信号的相位差。ECU 根据曲轴位置传感器和油泵转角传感器信号检测实际喷射持续转角，并换算成时间后，与目标喷射时间进行比较，计算出二者之间的差值，确定控制量，由此反馈控制喷射时间，使实际喷射时间趋于目标值。为了进一步提高喷射时间的控制精度，有的发动机在气缸内同时设置了光电式的着火正时传感器，通过测定着火时闪光所产生的信号，对喷射时间进行补偿调节，以改善柴油品质(十六烷值)和大气压力变化对柴油机工作性能的影响。

7.3.3　时间－压力控制式电控系统

时间－压力控制式电控系统是柴油机第三代电控燃油喷射系统，也叫电控共轨式喷油系统。这是国外于 20 世纪 90 年代开发的一种先进的柴油机电控燃油喷射系统，它摒弃了以往传统使用的泵－管－嘴脉动供油的形式，代之用一个高压油泵在柴油机的驱动下，以一定的速比连续将高压燃油输送到共轨(即公共容器)内，高压燃油再由共轨送入各缸喷油器。在这里，高压油泵并不直接控制喷油，而仅仅是向共轨供油以维持所需的共轨压力，并通过连续调节共轨压力来控制喷射压力，采用压力－时间式燃油计量原理，用高速电磁阀控制喷射过程。喷油压力、喷油量及喷油定时由电控单元(ECU)灵活控制。电控共轨式喷射系统主要有以下几方面优点。

(1) 共轨喷射系统中的喷油压力可柔性调节，根据柴油机不同工况确定对应的最佳喷射压力，优化柴油机综合性能，使喷射压力可不随柴油机转速变化，有利于增大柴油机低速时的转矩和改善低速烟度。

(2) 共轨喷射系统可独立控制喷油正时，控制范围宽，配合喷射压力(120～200MPa)柔性控制喷射时间，有利于降低 NO_x 和微粒排放，满足排放法规的要求。

(3) 共轨喷射系统可进行喷油速率的柔性控制，实现理想喷油规律，易实现预喷射和多次喷射，保证优良的动力性和经济性，有效控制排放。

(4) 共轨喷射系统由电磁阀控制喷油，控制精度较高，高压油路中不会出现气泡和残压为零的现象，循环喷油量变动小，各缸供油不均匀可得到改善，减轻柴油机的振动，降低排放。

共轨喷油系统可分为高压共轨喷油系统和中压共轨喷油系统。高压共轨喷油系统的特点是：高压输油泵直接输出高压燃油到共轨容器，压力可达 120MPa 以上，因此整个系统从高压输油泵到喷油器均处于高压状态。在中压共轨喷油系统中，输油泵输出的燃油是中、低压油，压力在 10～30MPa 之间。此压力燃油进入共轨，然后进入喷油器。喷油器中有液压放大结构(即增压器)，燃油在此被加压到 120MPa 以上，然后再喷入气缸。因此在中压共轨喷油系统中，高压区域仅局限在喷油器中。在目前已投入使用的共轨喷油系统中,大多数都是高压共轨喷油系统。

目前国外已开发出许多共轨喷油系统,其中比较典型的有:日本电装公司的 ECD－U2 高压共轨喷油系统、德国博世(Bosch)公司的高压共轨喷油系统、美国 Caterpillar 公司的 HEUI 中压共轨系统(共轨液压式喷油系统)、美国 BKM 公司的 Servojet 中压共轨系统(共轨蓄压式电控喷油系统)。

1. 日本电装公司的 ECD—U2 高压共轨喷射系统

ECD—U2 型高压共轨喷射系统是日本 Denso 公司研发的新型柴油机燃油喷射系统,这种共轨喷射系统主要用于重型载货汽车搭载的柴油机上,日本日野汽车公司、三菱汽车公司和日产汽车公司生产的载重汽车柴油机多数采用 ECD－U2 系统。

1) 系统组成与工作原理

ECD—U2 型高压共轨喷射系统由各种传感器、ECU、高压输油泵、共轨、供油压力控制阀、喷油器和三通电磁阀(TWV)等组成,如图 7-11 所示。输油泵的主要作用是将低压燃油加压成高压燃油,并将高压燃油供入共轨之中。燃油压力是由通过调节供入共轨中的燃油量来控制的。供油泵内设有供油压力控制阀(PCV)。它根据电控单元 ECU 送来的电信号,通过 PCV 阀在适当时刻的开启和关闭来控制供油量,最终控制共轨内的压力。

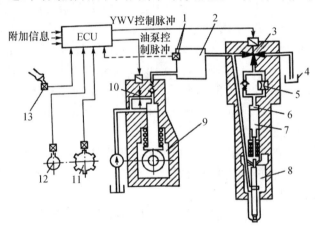

图 7-11 ECD—U2 型高压共轨喷射系统组成

1—燃油压力传感器;2—共轨;3—三通电磁阀;4—燃油箱;5—节流阀;6—控制室;
7—液压活塞;8—喷油器;9—高压输油泵;10—供油压力控制阀(PCV);
11—曲轴位置传感器;12—气缸判别传感器;13—油门踏板位置传感器

输油泵产生的高压燃油由共轨分配到各个气缸的喷油器中。燃油压力由设置在共轨内的燃油压力传感器测出,并由反馈控制系统控制,使根据发动机转速和发动机负荷设定的压力值和实际压力值始终一致。

喷油器控制喷油定时和喷油量。这是通过开启二位三通电磁阀(TWV)进行控制的。当开启三通阀时,针阀上部控制室内的高压燃油经过节流孔流出、燃油回路切换,喷油嘴腔内的燃油压力高于针阀开启压力,针阀升起,喷油开始。当关闭三通阀时,通过节流孔将高压燃油附加到控制室内,针阀下降,喷油结束。因此,三通阀的通电时刻控制喷油始点，三通阀的通电时间控制喷油量。

由于任何形式的输油泵输出的油液的流量和压力都是脉动的，因此共轨的基本作用是滤波和稳压，并储存高压燃油，向各个气缸上的喷油器分配燃油。

发动机工作时，高压输油泵输送的高压燃料不断地储存在共轨中，然后通过喷油器上的三通电磁阀控制喷油器针阀的开或关，以控制喷射量和喷射时间。共轨压力是根据设置在共轨上的压力传感器，并通过高压输油泵上的供油压力控制阀控制其泵油量，使共轨压力反馈控制在发动机所需要的最佳值上。共轨中的高压燃油施加在喷油器的针阀以及其液压活塞顶上。ECU根据发动机工况，通过事先由试验确定的目标控制量脉谱图，控制喷油器上三通电磁阀的开关时刻，由此控制液压活塞顶上的油压，以控制喷射量和喷射时间。

这种高压共轨喷射系统，由于通过液压活塞直接控制针阀升程，所以便于控制喷射率，实现预喷射。同时，通过三通电磁阀的通电时刻及通电持续时间的控制，可任意控制喷射量和喷射时间，而且喷油器、喷射压力、喷射量以及喷射时间等各参数均可独立控制，所以可以实现喷射系统参数的最佳匹配，保证柴油机的性能和排放特性。

2) ECD－U2系统的主要零部件

(1) 高压输油泵。

高压输油泵的结构及工作原理如图7-12所示，和传统系统的直列泵结构相似，通过凸轮和柱塞机构使燃油增加，各柱塞上方配置控制阀。凸轮有单作用型、双作用型、三作用型及四作用型等多种。如图7-12(a)中所示为三作用型，它采用多山凸轮，即在一个凸轮平面上设有三个凸起，这样凸轮轴每转一圈，凸轮工作三次，由此提高每缸输油泵的供油频率，对一定的泵油量可以减少输油泵的工作缸数。采用三作用型凸轮，可使柱塞单元减少到1/3。向共轨中供油的频率和喷油频率相同，这样可使共轨中的压力平稳。供油泵的基本工作原理如图7-12(b)所示。

① 柱塞下行，控制阀开启，低压燃油经供油压力控制阀PCV流入柱塞腔；柱塞上行，但控制阀中尚未通电，控制阀仍处于开启状态，吸进的燃油并未升压，经控制阀又流回低压腔。

② 满足必要的供油量定时，控制阀通电使其关闭，则回油流路被切断，柱塞腔内燃油升压。因此，高压燃油经出油阀(单向阀)压入共轨内。控制阀关闭后的柱塞行程与供油量对应。如果控制阀的开启时间(柱塞的预行程)改变，则供油量随之改变，从而可以控制共轨压力。

③ 凸轮越过最大升程后，则柱塞进入下降行程，柱塞腔内的压力降低。这时出油阀关闭，压油停止。控制阀处于断电状态并开启，低压燃油将被吸入柱塞腔内，即恢复到①状态。

(2) 供油压力控制阀(PVC)。

供油压力控制阀的作用是用于调整共轨内的燃油压力。方法是调整供油泵供入共轨内的燃油量。所以，控制阀通电和断电的时刻就决定了供油泵向共轨内供入的油量。

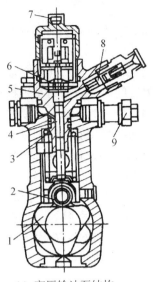
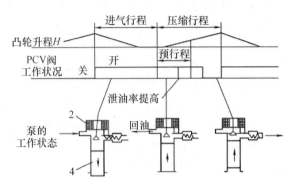

(a) 高压输油泵结构   (b) 高压输油泵的控制

图 7-12 高压输油泵结构及工作原理

1—凸轮；2—挺柱；3—柱塞弹簧；4—柱塞；5—柱塞套；
6—供油压力控制阀(PCV)；7—接头；8—出油阀；9—溢流阀

(3) 共轨。

共轨部件的结构如图 7-13 所示。共轨将供油泵输出的高压燃油经稳压、滤波后，分配到各个气缸的喷油器中去。在共轨上装有共轨压力传感器、液流缓冲器和高压溢流阀。共轨压力传感器安装在共轨上，随时检测共轨内的燃油压力。共轨内的高压燃油经高压油管，送到安装在气缸盖上的喷油器内，经喷油器内的喷油嘴将燃油喷入燃烧室内。液流缓冲器和高压油管相连，将高压燃油送入喷油器中。和高压溢流阀相连的油管可使燃油流回油箱。液流缓冲器也可使共轨内和高压管路内的压力波动减小，以稳定的压力将高压燃油供入喷油器。而且一旦发生流出的油量过多等情况时，为了不至于损坏发动机，液流缓冲器可将燃油通路切断，停止供油。液流缓冲器的结构如图 7-14 所示。

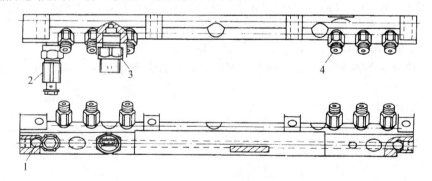

图 7-13 共轨部件

1—封套；2—高压溢流阀；3—共轨压力传感器；4—液流缓冲器

高压溢流阀是常闭阀,当共轨油压超过设定值时,此阀开启泄油,使压力降低,以此维持共轨内的压力,其结构如图 7-15 所示。

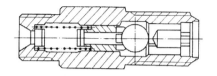

图 7-14　液流缓冲器

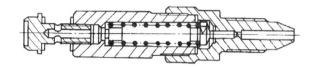

图 7-15　高压溢流阀

(4) 电控喷油器。

喷油器由针阀偶件、液压活塞、节流阀以及二位三通电磁阀(TWV)等组成。喷油器根据电控单元 ECU 送来的电子控制信号,将共轨内的高压燃油以最佳的喷油定时、喷油量、喷油率喷入发动机燃烧室中。二位三通电磁阀的结构如图 7-16(a)所示。二位三通阀有内阀(固定)和外阀(可动)两个阀体,两阀同轴精密地配合在一起。内阀和外阀分别具有各自的密封锥面,其工作原理如图 7-16(b)所示。

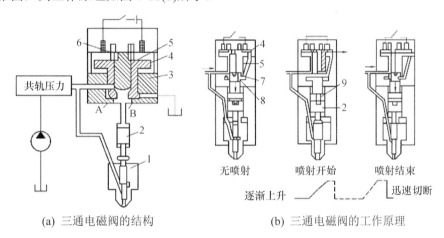

(a) 三通电磁阀的结构　　　　　　(b) 三通电磁阀的工作原理

图 7-16　三通电磁阀的结构及工作原理

1—喷油器；2—液压活塞；3—阀体；4—外阀；5—内阀；6—弹簧；7—内座；8—外座；9—小孔通道

① 不喷油状态,电磁线圈处于不通电状态,外阀在弹簧力和高压油压力的作用下关闭阀口,切断泄油通道。控制室内由共轨的高压燃油使喷油嘴针阀关闭,不喷油。

② 喷油开始状态,电磁阀开始通电,外阀在电磁铁的作用下开启阀口,并关闭共轨与控制室的油路,控制室的油液通过固定的节流孔流出,使控制室的油压下降,即针阀尾部的压力降低,针阀开启,喷射开始。如果持续通电,则针阀上升到最大升程,达到最大喷油率状态。

③ 喷油结束状态,电磁阀断电,在弹簧力和燃油压力的作用下,外阀关闭阀口,并打开共轨与控制室的油路,共轨内的高压燃油流入喷油器的控制室内,针阀快速关闭,喷油迅速结束。喷油始点和喷油延续时间由指令脉冲决定,与转速及负荷无关,因此,可以自由控制喷油时间。

ECD－U2 高压共轨喷油系统是完全的"时间—压力调节系统"。喷油量是由喷油器电磁阀通电脉冲宽度决定的。以共轨压力为参数改变脉冲宽度,可以得到一条线性的喷油器的喷油量特性。利用这一特性，在发动机全部工作范围内，可以方便地得到如目标设定的调速特性，实现理想的喷油率脉谱图。

2. 德国博世(Bosch)公司的高压共轨喷油系统

1) 系统组成

德国 Bosch 公司是柴油机输油泵和喷油器制造业的先驱，为了提高轿车柴油机的性能，满足欧洲越来越严格的排放法规，研制出了一种叫做 CommonRail(简称 CR 型)的高压共轨系统。Bosch 公司已向市场推出三代高压共轨电控系统。第一代于 1997 年 7 月批量投放市场，主要应用于轿车，喷射压力达 135MPa。第二代于 2000 年开始批量生产，首次应用在 Volvo 和 BMW 公司的车型上，最大系统压力提高到 160MPa，并开始使用具有油量调节功能的高压泵和经改进的电磁阀喷油器，喷射过程由预喷射、主喷射和多次喷射组成。它具有喷射压力高、喷油器尺寸紧凑、外形小、喷油量差别小、实行闭环控制、多级喷射等一系列新的特点。

图 7-17 所示为 Bosch 公司第二代 CR 型高压共轨喷油系统，主要由电子控制单元(ECU)、高压输油泵、共轨、电控喷油器以及各种传感器等组成。与 ECD－U2 系统的不同点主要在于该系统的高压输油泵采用带有电控压力调节器的径向柱塞泵，可实现部分停缸控制，由此降低低压时的功率损耗，共轨压力可在 15~145MPa 范围内自由调节，喷油器针阀连续两次升起的最短时间间隔(预喷射与主喷射时间间隔)为 900μs。在 ECD－U2 系统中采用三通阀可以保证喷油器的开启响应特性和停油速度，但结构复杂，成本高。在 CR 系统中，喷油器采用结构相对简单的二通阀，其他方面与 ECD－U2 系统基本相同。

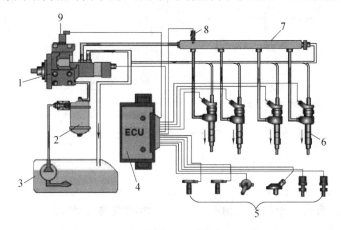

图 7-17 Bosch 公司 CR 型高压共轨喷油系统

1—高压输油泵；2—燃油滤清器；3—油箱；4—ECU；5—传感器；
6—电控喷油器；7—共轨；8—压力传感器；9—溢出阀

2) 工作原理

当发动机工作时，燃油箱的燃油在低压输油泵的作用下，经过燃油滤清器过滤后，进入高压输油泵柱塞腔。此时，如果由 ECU 控制的高压输油泵的电磁阀通电，电磁阀关闭柱塞腔的回油孔，柱塞腔便成为一个封闭的空间，已进入柱塞腔的燃油随高压输油泵的凸轮轴旋转被柱塞压缩而压力升高，并通过出油阀和高压油管送入共轨。在共轨中，在 ECU 的控制下，经压力传感器和调压器限压并稳压后，将一定压力的相对稳定的高压燃油输送到各缸喷油器中。在喷油器内，高压燃油分两路分别进入喷油器针阀上部的控制室和针阀底部的承压锥面环形腔中。但由于针阀顶部的横截面积大于针阀底部环形承压截面的投影面积，因此作用在喷油器针阀顶部的压力大于作用在承压锥面上的升力，使针阀落座。此时由 ECU 控制接通喷油器的控制电磁阀时，设在喷油器控制室上部的回油孔打开而泄油，针阀在其底部承压锥面上高压油的作用下被抬起而进行喷射。当喷油器电磁阀断电时，关闭控制室上部的回油孔，同时控制室进油阀开启，高压燃油迅速流进控制室建立油压，使针阀落座，关闭喷油孔而停止喷射。

高压输油泵电磁阀和喷油器电磁阀的通电时刻和通电持续时间，均由 ECU 根据传感器的信号，判断柴油机的工作状态后，对应该工况确定最佳共轨压力、喷油泵的供油量和喷油器的喷射量和喷油定时，以及预喷时间和预喷量等，然后向各电磁阀(执行器)发送控制指令，完成对喷射过程精确而灵活的控制。

Bosch 公司于 2003 年 5 月开始批量生产第三代紧凑型压电直接控制式喷油器的共轨喷油系统，首次应用在 Audi 公司的车型上，这是柴油共轨喷射技术领域内的一次飞跃。Bosch 第三代共轨喷油系统布置图如图 7-18 所示。燃油由低压电动燃油泵输送给具有泵油量调节功能的高压油泵，分配单元将进入的燃油分成两路：一路供给泵油元件，另一路用以冷却传动机构和润滑轴承。高压油泵将燃油压缩至 160MPa 的最高压力，并将其输入油轨。拧紧在油轨上的压力传感器采集实时压力，并通过集成在高压泵上的分配单元进行燃油压力调节，而拧紧在油轨上的压力调节阀则用于在汽车加速行驶时快速泄压。

高压燃油经油轨到压电喷油器，由电控单元根据运行工况来控制，能精确地调节喷油始点和喷油持续期，并且可柔性塑造喷油曲线(喷油相位、喷油次数和喷油量)形状。

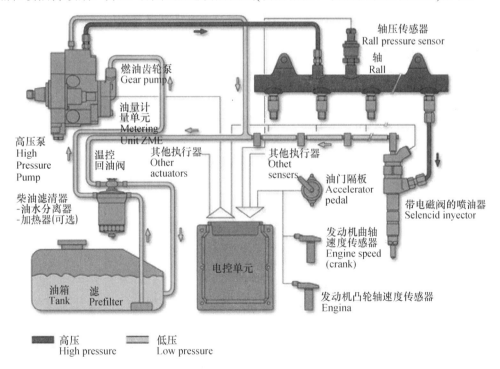

图 7-18 Bosch 第三代共轨喷油系统布置图

压电式喷油器的高度集成化，使其压电执行器与喷油器头部喷嘴中的针阀靠得更近，从而使系统具有优良的"液压响应速度"。喷油器运动件质量减少了75%,并将喷嘴针阀部件的零件数从4个减少到1个。这样,这种压电式喷油器的液力响应速度为市场上所提供的所有电磁式喷油器的2倍。传统的共轨技术在分段喷油时最多只能将每次喷油过程分成5～7段,然而采用第三代共轨系统后,可按需要将喷射过程分成多段。尽管部分负荷时设定的喷油量进一步减小了,但是燃油计量的精度却提高了。

3) 三缸径向高压输油泵

Bosch公司在CR型高压共轨喷射系统中采用了由发动机曲轴驱动的三缸径向柱塞式高压输油泵,如图7-19所示,主要由柱塞缸(泵体)、泵盖、柱塞泵组件、柱塞弹簧、凸轮轴等组成。其主要作用是将低压燃油加压成高压燃油,并输送到共轨中,保证其设定的高压共轨压力。

该高压输油泵在每个压油单元中采用多个压油凸轮,三缸径向柱塞泵相隔120°均匀分布。泵体和泵盖采用铝合金,以减轻整体重量。凸轮轴轴承采用滑动轴承,以减少凸轮和凸轮轴之间的摩擦。凸轮轴前后端采用油封以防漏油。同时为了减小功率损耗,在喷射量较小的情况下,将关闭三缸径向柱塞泵中的任意一个压油单元使供油量减少。柱塞弹簧的作用是保证柱塞底部经挺柱始终与凸轮表面接触,并在凸轮的顶力和弹簧力的作用下在柱塞缸内往复运动,完成泵油任务。高压输油泵的供油量必须保证在任何工况下柴油机工作所需喷射量以及起动和加速时油量变化的需求。由于共轨系统中喷油压力的产生与燃油喷射过程无关,且喷油时刻也与高压输油泵的供油时刻无关,因此高压输油泵的压油凸轮可以按照接触应力最小和耐磨性原则来设计。

带有断油装置的Bosch高压喷油泵结构示意图如图7-19(b)所示。它是由偏心凸轮驱动的3个泵油件的径向柱塞泵组成。在泵的进油口有一个受弹簧作用的活塞,在没有压力作用时,活塞关闭通往柱塞偶件的进油口。当进油压力达到一定值时,进油口被打开。因此它可与电子紧急切断阀一起执行紧急断油任务。带弹簧的活塞有一个旁通孔,燃油通过这个孔冲洗凸轮壳体。每副柱塞偶件有1个进油阀和1个出油阀,可以通过持续关闭进油阀来切断某个柱塞偶件的进油,以降低部分负荷的功耗。

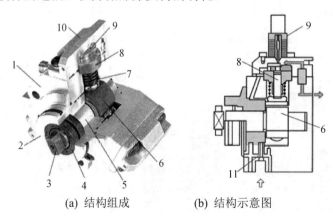

(a) 结构组成　　(b) 结构示意图

图 7-19　高压泵的组成

1—泵体;2—外壳;3—凸轮轴;4—油封;5—滑动轴承;6—凸轮;7—柱塞弹簧;
8—柱塞泵组件;9—电磁阀;10—泵盖;11—进油口柱塞阀

4) 压电式共轨喷油器

从 1996 年开始，Siemens 公司批量生产压电晶体驱动的高压共轨电控喷油系统。从 2003 年开始，Bosch 公司批量生产压电晶体驱动的高压共轨电控喷油系统。采用压电晶体驱动器的新一代高压共轨电控喷油系统，除了喷油器外，其余部件基本与采用高速电磁阀控制的高压共轨系统相同。因此在这里只就喷油器做些介绍，其余部分不再赘述。

确切地说，应是采用压电晶体驱动的高速开关阀控制的高压共轨电控喷油器。如图 7-20 所示为一典型产品。

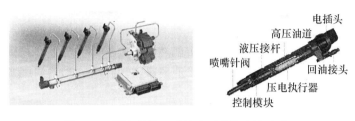

图 7-20　压电晶体驱动的高压共轨电控喷油器

图 7-21 为其结构示意图。其工作原理如下：高压燃油从共轨管道进入喷油器后，分两路：一路由管道进入喷油器盛油槽，作用于针阀锥面上；另一路通过节流孔进入活塞顶的油腔 11。当压电晶体堆不通电时，单向阀 4 关闭，油腔 11 中的燃油通过推动活塞杆，关闭喷油嘴，喷油器不喷油。当压电晶体堆通电后，压电晶体伸长，推动大活塞压缩油腔 1 中的燃油，再推动小活塞。由于这一对大、小活塞的面积比大于 1，因此小活塞位移被放大，而小活塞位移将单向阀 4 中的钢球推离锥面，形成了具有一定过流断面的流道，从而使高压油腔中的燃油经过通道 10、单向阀 4 及通道 9 回到油箱。活塞杆上部卸压，针阀在盛油槽中的燃油压力作用下，克服回位弹簧的力，向上运动，从而打开喷油嘴，使燃油喷出。若压电晶体堆断电，单向阀 4 落座，油腔 11 中的燃油压力升高，活塞杆向下运动，关闭喷油嘴。单向阀 8 是为了补充油腔 1 中泄漏的燃油，以保证喷油嘴工作可靠。

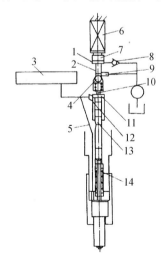

图 7-21　压电晶体驱动的高压共轨电控喷油器结构

1、11—油腔；2—小活塞；3—共轨管道；4、8—单向阀；5—管道；6—压电晶体堆；7—大活塞；9、10—通道；12—节流孔；13—活塞杆；14—回位弹簧

对比高速电磁阀控制的高压共轨喷射系统，压电晶体驱动的高压共轨电控喷油器最明显的优点是响应速度快，因此其最小喷油量小，可小于 1.5mm³/行程；预喷射与主喷射之间时间间隔可小于 100us；喷油速率更加灵活可调；各缸喷油量与喷射始点变动很小，重复精度非常高。

3. 美国 Caterpillar 公司的 HEUI 中压共轨系统(共轨液压式喷油系统)

HEUI 系统如图 7-22 所示，其特点如下：①它是一种中压共轨电控液压式喷射系统；②系统在共轨中不用燃油而用柴油机润滑油，因此系统中有润滑和燃油两套油路；③采用机油共轨油道油压驱动燃油增压活塞，对燃油增压，实现高压喷油；④利用高速开关电磁阀控制共轨油道中机油进出增压活塞，实现燃油压力的上升与下降，从而实现喷油的定时控制；⑤通过采用预喷射量孔控制初期喷油率来实现预喷；⑥喷油压力与柴油机转速和负荷无关。

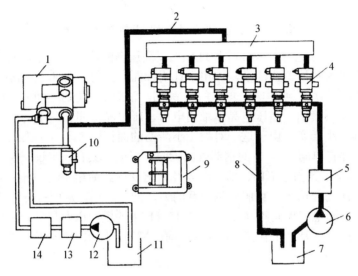

图 7-22 美国 Caterpillar 公司的 HEUI 系统

1—高压机油泵；2—机油油管；3—高压机油共轨；4—HEUI 喷油器；5—燃油滤清器；6—输油泵；
7—燃油箱；8—燃油回油管；9—ECU 电控模块；10—RPCV 压力控制阀；11—机油箱；
12—机油泵；13—机油冷却器；14—机油滤清器

HEUI 系统中机油通过机油泵，从柴油机油底壳经机油滤清器和冷却器送到高压机油泵以及柴油机润滑系统。此处低压机油管路油压为 300kPa。高压机油泵是一个柴油机齿轮驱动的斜盘式轴向柱塞泵。共轨中机油压力由压力传感器对 ECU 控制的共轨压力控制阀进行压力调节。共轨中油压按柴油机最佳性能所确定的目标值，控制在 4~23MPa 之间。机油从液压式喷油器直接回到柴油机气门罩框下边，再流回到油底壳，不再需要机油回油管道。燃油输油泵把燃油经燃油滤清器输送到液压式喷油器中。燃油系统输油压力为 200kPa，由普通调压阀调节。

HEUI 喷油器由三部分组成：电磁阀、增压活塞和活塞套、喷油嘴。其结构如图 7-23 所示。电磁阀控制喷油开始和喷油结束，它由阀芯、衔铁和电磁线圈组成。中压机油从共轨通过柴油机气缸盖上铸造的油道进入电磁阀阀芯的下方。当电磁线圈通电时，衔铁带动阀芯向上运动，打开下阀口，关闭上阀口，切断了机油回油孔，使中压机油进入增压活塞上方，推动增压活塞下行，使增压活塞下面的燃油压缩。燃油进油道处有单向阀封闭，燃油只有通过喷油嘴喷出。由于增压活塞的大、小活塞面积比很大，就可使增压活塞下方的燃油压力大幅度上升，实现燃油的高压喷射。

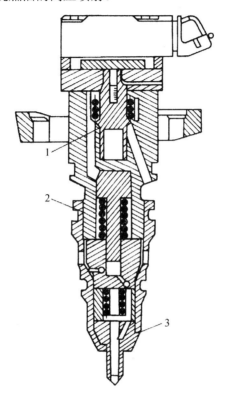

图 7-23　HEUI 喷油器结构

1—电磁阀；2—增压活塞和活塞套；3—喷油嘴

喷射一直持续到电磁阀线圈断电。在电磁阀弹簧力作用下，阀芯下移，高压机油通过已开启的上阀口流出到气门罩框区，压力迅即下降。增压活塞在弹簧力的作用下迅速上行，同时在喷油嘴弹簧作用下，针阀立即关闭，停止喷油。燃油以输油泵输出压力通过球形单向阀进入增压活塞下方，为下次喷油作准备。电磁阀通电时刻决定了喷射始点，通电的持续时间决定了喷油量。增压活塞的大、小活塞面积比为 7:1，考虑到容积效率损失，喷射压力可达 150MPa。系统的响应特性波形如图 7-24 所示。峰值电流使电磁阀的上升响应速度加快。电磁阀驱动电压 110V，功率消耗 45W。在峰值电流后降为维持电流，以减少系统能量消耗。

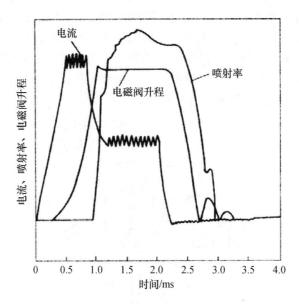

图 7-24　HEUI 响应特性波形图

HEUI 系统可实现预喷射，但要在增压活塞和活塞套上增加精密的回油孔道，通过回油控制来实现，其结构如图 7-25 所示。在增压活塞上的小回油孔与活塞套上回油孔尚未打开前，有一段预喷射行程。当增压活塞上的小回油孔与活塞套上的回油孔接通时，预喷射停止。当增压活塞上小回油孔越过活塞套上回油孔后开始主喷射。

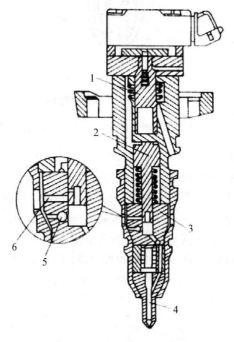

图 7-25　HEUI 系统的预喷射结构

L—控制阀；2—增压活塞；3—活塞套；4—喷油嘴；5—进油孔；6—精密回油孔

HEUI 系统采用机油作为共轨工作油的主要原因是解决热工况下燃油黏度降低，易泄漏和汽化所造成的热起动困难。使用机油后解决了热起动问题，但冷起动又有困难。考虑到机油和柴油机气缸盖等金属热膨胀不同，在机油管道中增加一个储油槽，以减少这种热膨胀量不同引起的机油管路中可能出现的气泡或真空，保证在低温度下高黏度机油能顺利地流到高压输油泵中去。这个储油槽可以和泵组合在一起，也可以装在主机上。目前 HEUI 系统能在-40℃条件下起动，起动时间只有 30ms(1～2 转)，喷射压力可迅速提高到 30～120MPa 之间。

HEUI 系统的喷油压力可以不受柴油机转速的制约，并且通过电控的方法，实现对喷油始点和喷油终点的灵活控制。通过合理的设计喷嘴结构来实现较理想的喷油速率形状。采用预喷射孔还可以实现预喷。但 HEUI 系统没有将高压的建立过程和燃油的喷射过程完全分开，喷油量受喷油压力的影响。另外，在喷射过程中，当燃油压力降到无法克服针阀弹簧力时，即使电磁阀仍处于通电状态，针阀也会关闭，从而停止喷油。

尽管 HEUI 系统没有将高压的建立过程与燃油的喷射过程完全分开，在这点上与其他的共轨式喷油系统不同，而具有泵喷嘴喷油系统的特点，但该系统在喷油压力的可控制性(喷油压力不受柴油机转速的影响)，以及采用共轨机油来进行燃油增压的工作特点来看，又具有共轨式喷油系统的明显特征，因此以前都将 HEUI 系统归类为中压共轨喷油系统。

在 HEUI 系统喷油器中，因既有燃油又有机油，使增压活塞上下腔这两种油的彻底隔离比较困难。

HEUI 系统在美国 Navistar 公司 7.3L 直喷增压 V8 的 T444E 型柴油机上应用，该机缸径×冲程为 104.4mm×106.2mm，标定功率为 160.3kW，标定转速为 3000r/min。HEUI 系统也装在 Caterpillar 公司自己的 3126 车用柴油机上，该机 6 缸、7.2L、直喷增压中冷，标定功率为 130kW、标定转速为 2200r/min。现 HEUI 系统已应用到 Caterpillar 公司的 3116、3408E、3412E 和 Navistar 的 DT446 等机型上，使用范围扩大到 6 种机型以上。

思 考 题

1. 柴油机电控系统的控制内容有哪些？
2. 与汽油机电控系统相比，柴油机电控系统有什么特点？
3. 在柴油机的三代电控燃油喷射系统中，各自的特点和区别是什么？
4. 请以日本电装公司的 ECD—U2 系统为例说明电控高压共轨系统的构造与工作原理。
5. 以 Bosch 公司的压电晶体驱动喷油器为例说明其工作原理。

参 考 文 献

[1]麻友良. 汽车电器与电子控制系统[M]. 北京：机械工业出版社，2014.
[2]司景萍，高志鹰. 汽车电器及电子控制技术[M]. 北京：北京大学出版社，2012.
[3]张葵葵. 电控发动机原理与检测技术[M]. 北京：机械工业出版社，2007.
[4]冯渊. 汽车电子控制技术[M]. 北京：机械工业出版社，2012.
[5]孙仁云，付百学. 汽车电器与电子技术[M]. 北京：机械工业出版社，2011.
[6]徐向阳. 汽车电器与电子控制技术[M]. 北京：机械工业出版社，2010.
[7]舒华，姚国平. 汽车电子控制技术[M]. 北京：人民交通出版社，2008.
[8]张传慧，梁强，张贺隆. 汽车发动机电控系统检修[M]. 北京：北京理工大学出版社，2010.
[9]梁朝彦，卢浩义. 汽车发动机电控原理与检修[M]. 北京：北京航空航天大学出版社，2009.
[10]林学东，王霆. 车用发动机电子控制技术[M]. 北京：机械工业出版社，2014.
[11]杨保成. 汽车电器与电子控制技术[M]. 北京：清华大学出版社，2016.
[12]赵学斌，王凤军. 汽车电器与电子控制技术[M]. 北京：机械工业出版社，2010.
[13]周云山，张军. 汽车电子控制技术[M]. 北京：人民交通出版社，2014.
[14]于京诺. 汽车电子控制技术[M]. 北京：机械工业出版社，2014.
[15]何勇灵. 汽车电子控制技术[M]. 北京：北京航空航天大学出版社，2013.
[16]周云山，钟勇. 汽车电子控制技术[M]. 北京：机械工业出版社，2009.
[17]冯渊. 汽车电器与电子控制技术[M]. 北京：高等教育出版社，2009.
[18]姚胜华. 汽车电器与电子控制技术[M]. 广州：华南理工大学出版社，2010.
[19]吕红明，吴钟鸣. 汽车电器与电子技术[M]. 北京：国防工业出版社，2012.
[20] (美)Elisabeth H. Dorries，Ken Dickrill. 汽车发动机电子控制技术[M]. 北京：北京理工大学出版社，2010.
[21]曲金玉，崔振民. 汽车电器与电子控制技术[M]. 北京：北京大学出版社，2012.
[22]http://www.3ucar.com/wxjs/w1830.html/.
[23]http://baijiahao.baidu.com/s?id=1566249594770851&wfr=spider&for=pc/.